땡초괴담

땡초 만성의 깨달음을 여는 소리

땡초 만성의 깨달음을 여는 소리
땡초 괴담

초판 1쇄 인쇄 / 2002년 4월 6일
초판 1쇄 발행 / 2002년 4월 12일

지은이 / 만성 혜오
펴낸이 / 김 동 금
펴낸곳 / 우리출판사

출판 등록 / 제9-139호
주소 / 서울특별시 서대문구 충정로 3가 1-38
전화 / (02)313-5047, 5056
팩스 / (02)393-9696
E-mail / woribook@chollian.net

ISBN 89-7561-164-7   03810

※ 값은 뒷표지에 있습니다.
※ 잘못된 책은 바꿔드립니다.

땡초 만성의 깨달음을 여는 소리

땡초괴담

만성혜오 지음

우리출판사

서 문

땡초에는 두 가지가 있다. 하나는 큰 땡초요 또 하나는 작은 땡초이다. 큰 땡초는 큰 스님이요 작은 땡초는 작은 스님이다. 큰 땡초는 법문을 잘못하면 불교와 종단을 말아먹고 작은 땡초는 자신의 몸을 망치고 이름 없이 사라진다.

큰 땡초는 엉터리인 사법(邪法)을 말해도 사람들은 진실되게 믿고, 작은 땡초는 진리를 진실되게 말해도 잘 믿으려 들지 않는다. 왜냐하면 사람들은 겉모양과 이름을 보기 때문에 큰 땡초의 직함과 권위는 바로 진리로 착각하여 엉터리가 힘이 있게 된다.

진리란 마음의 작용을 잘 깨치는 것이지 어디 하늘이나 땅에 있는 것이 아니다. 더구나 기상천외(奇想天外)하여 하늘을 날아다니고 땅속으로 숨어드는 것이 아니다. 마음을 깨치지 못하고 불상을 모셔 놓고 신도들을 속이며 시주 돈 축이나 내는 빚쟁이에 불과하지 않겠는가. 그러니 어찌 땡초라고 하지 않겠는가?

이 모든 것이 숙세에 지은 업에 의한 인연들이 얽히고 설켜 뒤엉킨 실타래와 같이 지혜가 없으면 어디서부터 풀어야 할지 모르게 되는 것이다. 지혜는 마음의 고요에서 나오는 것이니 한 생각 쉬고 과거로부터 오는 인연의 도리를 살펴보자.

저 멀고 끝없는 무수히 많은 은하계의 우주 세계에서 모래알 같이 작게 보이는 태양계의 지구, 그 중에 작고 조그마한 나라 한국, 내가 온 이 세상은 저 먼 세계로부터 무수히 많은 시간과 공간을 수없이 왕복하며, 인연에 의하여 내가 골라잡아 온 세상이다.

누구의 강요에 의해서 온 것이 아니라 내가 좋아서 스스로 인연을 맺어 온 세상이다. 그러니 어찌 아끼지 않을 수 있으며 인연들을 소중히 하지 않을 수 있으리요.

아버지와 어머니를 선택하여 인연 맺고 태어난 것도 내 자신이며, 부모님이 나를 낳았다고는 하지만 내가 저 멀고 먼 저 세상에서 이 세상에 인연 맺어 오는데 꼭 필요한 분들이다. 그래서 내가 부모님을 인연 맺는 선택을 했기에 부모님께 입은 은혜가 하늘보다 높고 바다보다 깊다고 하는 것이다.

형제 자매 일가 친척들도 내가 필요해서, 내가 인연 맺어 선택하여 저 먼 과거세(世)로부터 무수히 만나기를 반복하며 인연을 유지해 온 사이로 지금의 새로운 공간과 시간에 다시 인연으로 만난 것이다. 학교 사회 직장 이 모두의 인연은 나로 인하여 이어지고 유지되기 때문에 이 세상은 내가 인연 맺어 선택해 온 것이다.

그래서 우주의 주인이요, 만유의 주인은, 각자 스스로인 '나'라는 것이다. 사랑하는 아내·아들·딸도 모두가 무수히 많은 시간 동안 만나기를 반복하며 내가 원해서 만나게 된 인연들이다. 그러니 어찌 내가 만들고 내가 원해서 만나게 된 모든 인연들을 소중히 하지 않겠는가.

이 책은 본인 스스로가 만든 세상에 잘살고 못사는 것, 행복과 불행, 희망과 좌절, 신용과 불신, 고통과 쾌락, 사랑과 증오, 운명과 숙명 등 모든 상대적인 개념이 본인인 자신에 의해서 이루어진다는 것을 수행의 체험에서 오는 느낌을 조금씩 소일 삼아 쓴 것이다.

이 육신의 '나'라는 것조차도 항상 하는 것이 아니며 이 마음이 잠시 머물렀다 떠나는 활동 정류장이며, 수행의 정류장이며, 수행에 꼭 필요한 인연의 도구이기에 그냥 집착 없이 깨끗이 할 뿐이다.

몸을 튼튼히 하는 것은, 상처가 소중해서 붕대를 감고 보호하는 것이 아니라, 상처를 아물게 하기 위해서 감싸고 보호하는 것같이 이 몸이 소중해서 단련하고 보호하는 것이 아니라 깨달음의 길로 가기 위한 수행에는 없어서는 안 될 꼭 필요한 도구이기에 튼튼히 보호하는 것이다.

끝으로 마음의 힘이 얼마나 큰 것이며, 이 우주는 마음이 만들었다는 것을 잊지 않게 하기 위하여, 눈으로 보이는 감각적인 세계를 앞 표지와 맨 뒷장에 마음이 그려내는 힘을 실험할 수 있는 모양을 만들어 놓았다.

이 모양도 마음이 그려내는 하나의 허상이라는 것을 깨달으면 알게 되겠지만, 깨닫기 전에는 '참마음'의 수련이 꼭 필요함을 보이기 위한 한 방편이라는 것을 알기 바란다.

우리 모두 광대무변하고 광명천지하는 마음세계를 깨달아 맑고 밝은 세계, 즉 정토세계를 이룩하여 온 우주가 불국정토가 되길 간절히 기원하는 바이다.

무심(無心)하면 원래의 참마음에 의해서 새로운 힘이 나오는 것이다. 책의 앞 뒤 장으로 시험해 보기 바란다.

2002년 봄에
만성(卍性)혜오(慧悟) 합장

목차

참다운 이치

1. 말이 필요 없는 것을 / 19
2. 육근에 속지 마라 / 20
3. 행복과 불행 / 21
4. 무엇을 갖고 왔는가 / 22
5. 무엇을 갖고 갈래 / 23
6. 어리석음이 가장 큰 병 / 24
7. 모두가 부처인 것을 / 25
8. 눈뜨고도 못 보는 이유 / 26
9. 칭찬 / 27
10. 인생은 낙엽 / 28
11. 별을 바라보며 / 29
12. 즐거움과 괴로움 / 30
13. 정성스러운 것 / 31
14. 여덟 가지 괴로움 / 32
15. 번뇌가 곧 지혜 / 33
16. 본래 청정한 불성(佛性) / 34
17. 화두(話頭) / 35
18. 괴로움 / 36
19. 발로참회(發露懺悔) / 37
20. 종교와 미신의 차이 / 38

21. 영원한 사기꾼 / 39

22. 선택(選擇) / 41

23. 오복(五福) / 42

24. 봉사활동 / 43

25. 종교가 하는 일 / 45

26. 우상숭배(偶像崇拜) / 46

27. 절로 되는 일 / 47

28. 애욕 / 48

29. 음행(婬行) / 49

30. 꼬질 대 부러지던 날 / 50

31. 정(情) / 51

32. 감옥(監獄) / 53

33. 견성(見性) / 55

34. 한 생각 돌이키면 / 56

인 연

1. 도량석(道場席) / 59

2. 고요함 / 60

3. 홰 치는 소리 / 61

4. 한라산 남국선원 / 62

5. 한라산 영실(靈室) / 63

6. 서암 큰스님 / 64

7. 청정한 삶 / 65

8. 혜국 큰스님 / 67

9. 어머니 스님 / 68
10. 유일한 나의 도반 / 69
11. 무척산 백운암 / 70
12. 백운암에서 백일기도 / 71
13. 미륵산 미래사 / 72
14. 비룡산(飛龍山) / 73
15. 장안사(長安寺) / 74
16. 제자가 스승되어 / 76
17. 회룡포(回龍浦) / 77
18. 용포 마을 할머니 / 78
19. 회룡대에 올라 / 79
20. 원산성(圓山城) / 80
21. 단풍 / 81
22. 풍경 소리 / 82
23. 휘영청 밝은가 / 83
24. 눈물 / 84
25. 사표 제출 / 86
26. 출가하던 날 / 88
27. 행자시절 / 90
28. 홍역 기침 / 95
29. 운동 / 97
30. 전국체전 / 99
31. 고등학교 / 101
32. 화학 선생님 / 103
33. 청계천에 책 팔다 / 105
34. 손가락 병신 / 106

35. 졸업식 / 109

36. 대학진학 / 111

37. 기문둔갑(奇門遁甲) / 114

38. 수련 / 117

39. 허리 다치던 날 / 120

40. 卍의 위대한 힘[卍心] / 122

41. ≪효경≫과 ≪부모은중경≫ / 124

42. 불꽃 속의 명당 / 126

43. 우주인과 예수 / 128

44. 무엇을 찾는가 / 129

45. 구더기·새·개 / 130

46. 중생(衆生) / 132

47. 숨이 차다 / 133

48. 모르면 약인가 / 134

49. 방편(方便) / 135

50. 방생(放生) / 136

51. 오산선원 / 138

잘 못 된 길

1. 종교는 필요한가 / 141

2. 희한한 일 / 142

3. 가장 희한한 일 / 143

4. 더욱 희한한 일 / 144

5. 가장 큰 재앙 / 146

6. 제일 간 큰 사나이 / 147

7. 마귀를 믿는 사람들 / 148

8. 하나님의 고민 / 149

9. 빈 라덴과 탈레반 / 150

10. 오, 하나님! / 151

11. 하나님의 전쟁놀이 / 152

12. 죽음이 천국 / 153

13. 별난 재판 / 154

14. 죽음을 못 면하는 재판 / 155

15. 뉴욕 쌍둥이빌딩 / 156

16. 중동 전쟁 / 157

17. 정말로 모성은 있는가 / 158

18. 세계의 문화유산 / 159

19. 성불 못하는 마구니들 / 160

20. 한 구멍 쑤셔 / 162

21. 우기면 이긴다 / 163

22. 증오의 불길 / 165

23. 가장 큰 불행 / 166

24. 미신이 조직화되면 / 167

25. 똥이 향이 되나 / 168

26. 바르게 가르쳐 주면 / 170

27. 희한한 일 / 171

28. 진정한 하나님 / 172

29. 성전(聖戰) / 173

30. 쓰레기 / 174

31. 종교는 같은 거야 / 175

32. 농약과 밀가루 / 176

33. 수맥과 음맥 / 177

34. 엄탐모 섬탐모 / 179

35. 삼재(三災) / 181

36. 천도(遷道) / 183

37. 승랍(僧臘)과 법랍(法臘) / 185

38. 사미(沙彌)와 비구(比丘) / 187

39. 초가삼간 태운 땡초 / 190

40. 대한민국 국민은 모두 불교인 / 191

올바른 길

1. 인연(因緣) / 195

2. 나는 누구인가 / 196

3. 어느 것이 진정한 이름인가 / 197

4. 어느 하느님이 진짜인가 / 198

5. 호법신장(護法神將) / 200

6. 몸과 마음 / 201

7. 그저 그렇지 / 202

8. 무명(無明) / 203

9. 늘 하는 일 / 204

10. 항상 하는 일에 만족 / 205

11. 정구업진언 / 206

12. 오분법신향(五分法身香) / 207

13. 계율(戒律)의 청정함 / 208

14. 기가 막히구나 / 209

15. 사생(四生) / 210

16. 육도(六途) / 211
17. 육취(六趣) / 212
18. 사생자부(四生慈父) / 213
19. 삼계도사(三界導師) / 214
20. 구하지 말아라 / 215
21. 지성(至誠) / 216
22. 꽉 차 있는 것 / 217
23. 육바라밀 / 218
24. 탐욕이 보이는가 / 219
25. 성냄을 어떻게 다스리나 / 220
26. 어리석음 / 221
27. 명예(名譽) / 222
28. 효(孝) / 223
29. 밖을 향하면 / 224
30. 한탄하지 말라 / 225
31. 운명(運命)과 숙명(宿命) / 226
32. 공부(工夫) / 228
33. 믿음 : 신(信) / 229
34. 삼보(三寶) / 231
35. 미소(微笑) / 232
36. 불상(佛像) / 233
37. 도(道) / 234
38. 덕(德) / 235
39. 복(福) / 236
40. 연구(硏究) / 237
41. 공(空) / 238

42. 색(色) / 239

43. 정신(精神) / 240

44. 영혼(靈魂) / 241

45. 상심(上心) / 242

46. 하심(下心) / 244

47. 부증불감(不增不減) / 245

48. 감로(甘露) / 246

49. 마음의 자유 / 247

50. 신통 묘용 / 248

51. 한 번 앉으면 그만 / 249

52. 거울에 무슨 허물이 있으랴 / 250

53. 견해(見解) / 252

54. 예경 / 253

55. 천지가 생기기 전에 있던 것 / 254

56. 사람 노릇(구실) / 255

57. 부처의 노릇 / 257

58. 어리석음 / 258

59. 고해(苦海) : 달마 / 259

60. 죽음 / 261

61. 두려움의 근원 / 263

62. 업신(業身) / 264

63. 관세음보살 / 265

64. 금강경 사구게 / 266

65. 삼신(三身) / 268

66. 사홍서원 / 269

참다운 이치

1. 말이 필요 없는 것을

　마음에 모양이 없고, 마음에 색깔이 없고, 마음에 소리가 없거늘 무슨 말이 필요하겠는가.
　홀연히 한 생각 일어나니 천만 가지 망상으로 온 우주를 덮고 갖가지 모양과 색깔과 소리를 만들어 내고 감정을 만들어 집착을 하며 괴로움과 윤회를 거듭하는구나!
　고요하면 색깔도 없고 고요하면 소리도 없어 집착할 것이 없는데 무슨 말이 필요하겠는가.

　입을 열어도 두들겨 패고
　입을 다물어도 두들겨 패라.

2. 육근에 속지 마라

우리는 누구에게 속고 있는가?

속지 마라. 속지 마. 눈·귀·코·혀·몸·의식에 속지 마라. 색깔에 속지 말고, 소리에 속지 말고, 향기에 속지 말고, 입맛에 속지 말고, 촉감에 속지 말고, 생각에 속지 마라.

여섯 가지 도적은 밖에 있는 것이 아니라 우리 마음과 몸에 있나니, 속지 마라. 속지 마. 정신차려도 습관에 속는 것이니, 습관이란 생활이 의식(意識) 속에 푹 배어 안개 속에 옷이 젖는 것과 같은 것으로 이것을 훈습(熏習)이라 한다. 그래서 훈습은 고치기 어려운 것이다. 그러니 속지 마라. 속지 마. 어찌 도적놈이 시키는 데로 이끌려 살 것인가!

도적놈 잘 키우면 천하에 주인되어 생사
윤회를 면하고, 도적놈 잘못 키우면
천하에 종 되고 지옥 고통 못 면한다.

3. 행복과 불행

행복과 불행은 손바닥, 손등과 같은 것이다. 손이 없다면 손바닥도 손등도 없는 것과 같이 행복과 불행도 이와 같은 것이다. 불행이 없으면 행복도 없고, 행복이 없으면 불행도 없다. 행복과 불행은 상대적으로 공존하는 것. 깨달은 자는 행복을 만들 줄 알고 깨닫지 못한 자는 행복을 행복인 줄 몰라 늘 불행하다.

불행과 행복은 같이 있는 것이기에 만족할 줄 알면 늘 행복하고, 만족할 줄 모르면 행복도 늘 불행이 되는 것이다. 만족은 있을 수 없는 것으로 스스로 만족하는 것이 행복의 지름길이다. 진정한 행복은 안으로 찾는 것이요, 밖으로 찾는 것이 아니며 집착하는 것이 아니다.

믿음도 이와 같아 밖으로 구하는 것은 영원히 구할 수 없어 영원히 불행하고, 안으로 닦아 만족할 줄 알면 항상 만족스러운 것이다. 그래서 행복하다.

손에 무엇을 쥐고 펴지 못하는가
펴 보면 아무것도 없지 않는가
쥐면 불행하고 펴면 행복하다.

4. 무엇을 갖고 왔는가

우리는 어디서 왔으며, 우리는 태어날 때 무엇을 갖고 왔는가? 돈을 갖고 왔는가? 보물을 갖고 왔는가? 옷을 입고 왔는가? 이름을 달고 왔는가? 벼슬을 갖고 왔는가? 우리는 부모님이 누구인줄 알고 왔는가? 우리의 고향은 어디였으며, 무엇을 하다가 왔는가?

우리는 미래를 알고 왔는가? 우리가 아는 것이 무엇인지 곰곰이 생각해 보자. 평상시는 아는 것 같은데 생각하면 할수록 사실은 아는 것이 하나도 없다.

우리가 가져 온 것이 무엇이라고 생각하는가?

우리가 갖고 온 것은 업(業)뿐이 없다. 그것도 좋은 업인지 나쁜 업인지 모르니, 우리가 지혜롭다면, 살다 보면 알게 될 것이다.

산은 푸르고 냇물은 맑다. 눈뜨면 보이고 눈감으면 안 보인다. 눈뜨면 안 보이고 눈감으면 보이는 것, 이것이 무엇인가?

살던 고향이 어디냐 버릇을 잘 봐라
고향에 몇 번씩 갔다 오게 된다.
눈감으면 가고 눈뜨면 못간다.

5. 무엇을 갖고 갈래

　우리는 죽을 때 어디로 갈 것인가? 갈 목적지는 알아 놨는가? 그리고 무엇을 갖고 갈 것인가? 사랑하는 애인을 데려 갈 것인가? 사랑하는 아내를 데려 갈 것인가? 저금통장의 돈을 인출해 갈 것인가? 호화 주택을 저당 잡혀 갈 것인가? 고급 승용차 타고 갈 것인가? 애지중지 키운 자식을 데려 갈 것인가? 의리 좋은 친구와 같이 갈 것인가? 벼슬과 감투를 갖고 갈 것인가? 드날리던 명예를 갖고 갈 것인가? 갖고 갈 재주 있으면 가져 가렴. 목적지를 알면 내가 데려다 주지.
　가져 갈 수 있는 것이라고는 이 세상에 아무것도 없지 않는가? 무엇이 있기에 갖고 갈 것인가?
　우리가 평소에 지은 행위가 영혼에 훈습되어 떼어낼 수 없이 가져 가리라. 그 행위를 업(業)이라 하는 것이니 업으로 왔다 업으로 가는 것.
　지혜로운 자는 알리라! 밥 잘 먹고 똥 잘 싸니 사대(四大)가 편안하구나.

　　춤추는 놈 춤추고 노래하는 놈 노래하고
　　싸우는 놈 싸우고 사기 치는 놈 사기 친다.

6. 어리석음이 가장 큰 병

　세상에 일어나는 크고 작은 모든 일들! 지혜로움에서 일어난 일들이 얼마나 될까? 모두가 어리석은 데서 움직이게 되는 것. 지혜로운 자는 움직이지 않는다. 길하고 흉하고 거리끼고 후회하고 재앙과 화복이 모두 움직이는 데서 생기는 것이다.

　그 중에서 가장 큰 병은 어리석음이다. 병질 부(疒) 안에 알지(知)가 들어 있는 것이 어리석을 치(痴)이다. 또 병질 부(疒) 안에 의심할 의(疑)가 들어 있는 것, 이것도 어리석을 치(癡)이다. 치(痴), 치(癡) 이 두 글자는 똑같은 어리석다는 뜻으로 '치'자이다. 하나는 아는 것이 병든 것이요, 또 하나는 의심이 병든 것이다. 잘못 알아도 어리석은 것이요, 의심이 없이 무조건적으로 믿는 것도 어리석은 것이다.

　어리석음보다 무서운 것이 없고, 어리석음보다 큰 재앙이 없다. 가정이 파괴되고 사회가 파괴되고 세상이 멸망하는 것은 어리석음에서 오는 것이다.

　밝은 대낮에 눈뜨고 뭘 보나
　눈·귀·코·혀는 어디다 쓰려고
　꾀가 쥐새끼만도 못한가.

7. 모두가 부처인 것을

부처가 마음 안에 있는가 마음 밖에 있는가? 마음 안에 있다면 모두가 부처요, 마음 밖에 있다면 우리와는 하등에 상관 없는 일이다. 모든 중생은 모두가 마음과 함께 있으니 부처와 함께 있는 것이다. 그래서 마음과 부처와 중생은 차별이 없는 하나라고 했지 않은가!

그런데, 우리는 부처 노릇을 못하고 있지 않은가?

왜 그럴까? 훈습(熏習)이 안 되어서 그렇겠지! 부처 노릇을 하면 부처요, 중생 노릇을 하면 중생이다. 개 노릇을 하면 개만도 못하니 어찌 사람이라고 할 것인가? 노릇(구실)이야말로 중생과 부처를 구분 짓는 것이다.

닭은 꼬끼오
개는 멍멍, 소는 음매.

8. 눈뜨고도 못 보는 이유

눈을 뜨고 있는데도 보이지 않는다. 욕망이 가득하면 저절로 보이는 것도 못 본다. 아름다운 산하 대지는 눈뜨면 저절로 보이는 것이다. 그러나 욕망 때문에 욕망만 보일 뿐, 대 자연의 아름다움과 생명의 실상인 진실은 못 본다.

탐욕의 다섯 가지인 오욕(五慾), 식욕이 가득할 땐 먹는 것만 보이고, 재욕이 가득할 땐 돈으로만 보이고, 수면욕이 가득할 땐 업어 가도 잠을 잔다.

성욕이 가득할 땐 눈에 보이는 것이 모두 색심으로 차 있고, 명예욕이 가득할 땐 망신살로 차 있다. 구더기·굼벵이 등을 먹는 식욕은 어디서 오는 것일까?

음욕과 재욕이 많으면 아름다운 모든 것들이 온통 돈으로만 보이고, 명예욕이 많으면 잔인한 살상(殺傷)을 영웅심으로 착각한다.

눈뜨고도 탐욕 때문에 사물을 제대로 못 보는데, 어찌 진리를 보겠는가? 마음을 가라앉혀도 꿈틀거리는 이놈을 어찌 단속하지 않는가? 취하는 마음이 있으면 조용해도 시끄럽고, 취하지 않으면 시끄러워도 고요하다.

벌은 꿀을 만들고
파리는 똥을 만든다.

9. 칭찬

　칭찬은 화합의 좋은 명약인데 나는 전생에 칭찬에 인색했고 현생에도 칭찬에 인색해서 인색한 마음이 생활에 습(習)이 되어 하늘에 쏜 화살이 되돌아 오는 것과 같이 되었다. 화살은 언제나 나에게 돌아와서 떨어지니, 나에게 아무리 좋은 재주가 있다 한들 그 누가 나를 칭찬하겠는가?
　나는 비로소 황혼 길에 접어들어 깨달았네. 긍정하는 마음에는 광명이 비추고, 부정하는 마음에는 어둠이 깔린다는 것을, 긍정도 부정도 놓았을 땐 큰 광명이 비춰 자유롭다는 것을, 원망도 사랑이요, 은혜도 사랑이요, 질투도 사랑이요, 미움도 사랑하기 때문이라는 것을 알게 되는 날.
　어둠이 본래 없어 광명이듯이 부정이 없으면 그대로 칭찬 아닌 칭찬이 되는 것이다.

　　원숭이 나무에서 떨어지고
　　물개 물에 빠져 허우적대네.

10. 인생은 낙엽

　나뭇가지에 매달린 몇 개의 낙엽은, 떨어진 낙엽을 보고 '저 친구들 일찍도 갔어. 우리는 그래도 장수하는 편이지.'
　부는 바람에 간들간들 하며 곡예를 하듯 매달린 낙엽은 제각기 장수함을 자랑하고 있듯이, 우리 인생의 삶은 낙엽보다 얼마나 더 긴 것일까?
　잎은 나무가 자라게 평생 태양 분을 뿌리에 내리고 떨어지면 썩어서 거름이 되어 또 뿌리에 보내듯이, 인생의 삶도 살아서는 애욕의 산물인 자식 걱정으로 생을 보내고 죽어서 어디로 갈지 모르며 죽어 가면서도 자식 걱정하는 것과 무엇이 다르랴!

　도토리 키 재고
　거북이 달리기 하네.

11. 별을 바라보며

　도량석할 때 자연스레 바라보는 것이 주먹만한 별빛이다. 영롱할 대로 영롱하여 사다리에 오르면 곧 잡힐 것 같은 북두칠성, 언젠가 20대 때 태백산에 오른 적이 있다. 눈 덮인 산 정상에 이슬이 먹은 듯 확대된 별들은 주먹만하다.
　너무나도 가까움에 넋을 잃고 친구가 되어 속삭여 본다. 우리의 수명과 복을 관장한다는 북두칠성! 그러나 과학을 안 다음 이 별들은 태양보다 엄청나게 크고 밝기도 엄청나단다.
　그러나 아무리 크고 밝다고 한들 가까이 있는 촛불만 하겠는가? 힘이 있어도 멀면 힘이 없고 힘이 없어도 가까우면 힘이 있다. 제일 가까이에 있는 힘, 마음 빛만 하겠는가!
　기맥(氣脈)이 열리고 마음이 고요하면 몇 백 배 몇 천 배의 별빛이 빛나며 실제로 이마에 떠오른 태양은 우리가 보는 태양보다 더 밝아 의식(意識)이 고요해지며 마음의 눈이 열린다.

　머리에서 물 흐르는 소리가 나고
　천둥이 치는 소리 나며 종소리 난다.
　천둥 번개에 놀라 문을 여는구나.

12. 즐거움과 괴로움

　사는 것이 즐거운가? 죽는 것이 괴로운가? 깨어 있는 것이 즐거운가? 잠자는 것이 즐거운가? 사랑하는 것이 즐거운가? 이별하는 것이 괴로운가? 배부름이 즐거운가? 배고픔이 괴로운가?
　이 중에 어느 것 하나 괴롭거나 즐거운 것이 없다. 즐거움도 지나치면 괴로운 것. 괴로움도 습관 되면 괴로운 줄 모르는 것. 그러나 깨친 마음에는 괴로워도 집착하지 않고, 즐거워도 집착하지 않는다.
　어리석은 마음은 괴로우면 괴로움에 집착하고 즐거우면 즐거움에 집착한다. 괴로움과 즐거움은 항상 그대로 있던 것이기에 상황이 변한 것은 없다. 마음 따라 다를 뿐이다.

　원둘레는 360도요
　9곱하기 9는 81이다
　○도리를 알아야 하지.

13. 정성스러운 것

성취하려면 무엇이든 정성스러워야 한다. 속인(俗人)은 재물에 정성스럽고, 벼슬에 정성스럽고, 모양에 정성스럽고, 여인에 정성스럽고, 아첨에 정성스럽고, 보신에 정성스럽고 누가 보면 정성스럽다.

그러나 도인(道人)은 걷고 서는데 정성스럽고, 앉고 눕는데 정성스럽고, 잠자는데 정성스럽고, 일어나는데 정성스럽고, 씻고 닦는데 정성스럽고, 먹고 마시는데 정성스럽고, 배설하는데 정성스럽다.

누가 있으나 없으나 생활 자체에 항상 정성스럽다. 그래서 도인은 항상 하는 마음 그 자체이다.

일거수 일투족이 정성으로 꽉 차 있다.

배고픈 아이 목놓아 울고
외로운 소쩍새 슬피 우네
도자기 굽듯이 불을 때야지.

14. 여덟가지 괴로움

　태어나는 것이 괴로움이요, 늙는 것이 괴로움이다. 병드는 것이 괴롭고, 죽을 때 고통이 괴롭다. 사랑하는 사람과 헤어지니 괴롭고, 미운 사람과 만나니 괴롭다. 구하는 것 얻지 못하니 괴롭고, 이 몸 존재 자체가 괴로운 것이다.
　이것이 여덟 가지 고통이다.
　그러나 마음에는 태어남이 없고, 늙음이 없으며, 병듦이 없고, 죽음이 없다. 사랑도 집착이요, 미움도 집착이요, 구함도 집착이요, 이 몸의 존재도 집착이다.
　결국은 집착이 괴로운 것이다. 집착은 편안할수록 더 하게 되는 것으로 적당한 고통은 집착을 놓는 스승이 된다.
　모든 괴로움은 집착에서 오는 것이다.

　똥싸고 비벼 대고 농약 먹고 춤춘다
　원숭이 우리 속에 밤 움켜쥐고 못놓네.

15. 번뇌가 곧 지혜

번뇌가 일어나면 지혜가 없고, 번뇌가 사라지면 지혜가 일어난다. 번뇌와 지혜는 뗄 수 없는 것으로 마치 손등과 손바닥과 같은 것이다. 손등이 없다면 손바닥도 없다. 번뇌 없이 어찌 지혜가 있으며, 고통 없이 어찌 즐거움이 있을 것이며, 지혜 없이 어찌 번뇌를 알겠는가!

그러니 번뇌를 버릴 생각일랑은 아예 말아야 한다. 번뇌의 덩어리가 보이는 날, 정말로 번뇌로 꽉 찬 것이 보이는 때, 번뇌가 지혜라는 것을 알게 되는 날, 머릿속에 박하향이 들어 환해졌을 때, 그대는 마음을 보았다 하리라.

마음은 지혜도 번뇌도 아니니 그대로 광명일 뿐이다.

어두우면 달이 비추고
밝으면 해가 비추지
공이 ○이고 ○은 광명이다.

16. 본래 청정한 불성(佛性)

　마음은 태어나는 것이 없고, 본래 태어남이 없는 마음은 늙음이 없고, 늙음이 없는 마음에 무슨 병이 있으며, 병이 없는 마음에 어찌 죽음이 있으며, 죽음이 없고 삶이 없는 마음에 어찌 분별하는 마음이 있겠는가!
　평등한 마음에 무슨 사랑과 미움이 있겠으며, 사랑과 미움이 없는데 무엇을 탐내며 무엇을 구할 것인가?
　존재한다는 자체가 망상과 분별로 인하여 생기는 것이니, 한 생각 일으킨 생각의 모양이 존재하는 것이다.
　이 몸의 존재에 대하여 어디에 무엇을 집착하여 무엇을 괴롭다 하겠는가, 집착은 실상이 없고, 괴로움은 모양이 없는 것이다. 생명의 진화와 퇴화는 훈습에 의하여 이루어지는 것이다.
　우리는 본래 청정한 불성을 지니고 있는데 훈습에 의하여 습관을 못 버리는 것이다. 마음의 공함을 체득했을 때 훈습이나 집착도 놓게 되리라.

　강아지 낑낑, 병아리 삐악 삐악
　갓난아기 응애응애 잠드니 조용하다.

17. 화두(話頭)

말씀 화(話)에 머리 두(頭)가 화두이다. 말이 나오기 전의 말 없는 말이 화두의 참다운 뜻이다. 우리 언어로 말머리가 화두이다. 말 마(馬) 머리 두(頭)는 마두인데, 우리말로는 모두가 말머리이며, 말대가리이다. 화두도 말머리요, 마두도 말머리이다.

마조(馬祖)스님부터 화두가 크게 등장하기 시작한 것도 재미있다. 마조(馬祖)의 한문 뜻은 말의 조상이니, 말머리이다. 사사건건 말꼬리 잡는 사람이 있다.

말꼬리는 화미(話尾)요 마미(馬尾)다. 공부는 말머리이지 말꼬리가 아니다. 말꼬리 잡고 늘어지지 마라. 말꼬리는 망상이다.

이미 말이 나오면 말꼬리요, 말 장난이요, 말 꼬랑지이다. 말대가리도 어려운데 말머리는 아니다. 그러니 어찌 깨달을 것인가!

○에는 화두도 화미도 없다.

기차 지나간 다음 손들지 마라
꽁무니 바라보면 눈 빠진다
말꼬리 잡더니 무릎 깨지네.

18. 괴로움

괴로움은 무엇인가. 조금만 배불러도 괴롭고, 조금만 배고파도 괴롭다. 피곤할 때 자는 잠은 꿀맛이지만, 잠 안 올 때 억지 잠은 괴로울 뿐이다. 즐거운 일도 오래 하면 괴롭고, 싫은 일도 재미 붙이면 즐겁다.

그러면 무엇이 괴로움인가?

조화(調和)와 균형(均衡)의 깨짐이다. 조화와 균형이 깨지면 삶에 모두가 괴로운 것이다. 깨침을 이루려는 공부에 있어서 조화와 균형이 깨지면 공부도 어렵고 깨침은 더욱 어려운 것이다.

조화와 균형은 항상 하는 마음에서 비롯되는 것이니, 이를 항심(恒心)이라 한다. 항심 속에 열심도 있고 정성도 있다. 항심이 없으면 마음의 공(○)함을 깨치기 어려워 모든 것이 괴로울 뿐이다.

항심은 청정한 계율에서 시작이며, 청정한 계율로 고요함을 체득하여 깨달음을 얻는 것이다.

양팔 벌리고 외줄 타면 쉽고
한 손 내리면 떨어지기 쉽다.
리듬을 타면 파도를 건너지
귀찮으면 아예 놔버리고 죽어.

19. 발로참회(發露懺悔)

큰 잘못을 저지르고도 습성(習性)이 되면 모른다. 잘못에 크고 작은 것이 있겠는가? 죽이고 훔치는 일 이외에 음행하고 남에게 억울하게 하는 일 등, 특별히 기억하여 잘못을 끄집어낸다는 것이 그리 쉽지는 않다.

그러나 지난날부터 지금까지 잘 살펴보면 꼭 잠재의식에 응어리진 부분이 있다. 이것이 가슴에 맺히면 아무리 공부를 하려고 해도 안 된다. 이것을 끄집어내어 참회하는 이것이 발로참회이다.

발로참회가 되는 순간 마음의 문이 열리고 성품의 공함을 보게 되는 경우가 많은데, 이것이 무엇이겠는가? 마음의 모양 없는 모양을 본 것이겠지. 이 순간 그 동안 흘리지 못한 눈물이 강을 이룬다.

이 때 마음의 눈이 열리리라.

죽었던 자식이 살아나고
잃었던 재물을 다시 찾네
이 때 웃을래 울을래!

20. 종교와 미신의 차이

거대한 빌딩의 숲에서 사유(思惟)가 텅 빈, 유식인(有識人)들의 울부짖음이 많다고 종교는 아니다. 혀 꼬부라진 소리로 유창하게 열변을 토한다고 종교는 아니다.

그렇다고 무식한 아낙네들이 장독대에 정화수 떠놓고 두 손 모아 빈다고 미신이 아니다. 진정한 종교는 모든 집착으로부터 철저하게 집착을 놓는 것이요, 지식이 아니라 지혜인 것이다.

미신은 정치와 결탁하여 정권 유지를 위한 중생들의 눈속임이요, 소수 집단의 이익을 위하여 신을 빙자한 조직의 묶음이요, 많은 사람들을 속이는 행위이다.

왜냐하면, 중생이 어리석을수록 집단 유지가 쉽고 반론자가 적기 때문이다. 미신일수록 신비주의를 내세우고, 미신일수록 폐쇄적이며, 미신일수록 독선적이다. 미신일수록 절대의 신을 내세우고, 미신일수록 믿음을 강요한다. 미신일수록 선택의 여지가 없다.

진정한 종교는 절대의 신을 믿지 않고, 진정한 종교는 마음이 주인이라는 것 이외에 밖을 향하여 찾지 않는다.

우기면 이기고, 이기면 믿게 된다
믿음에 있어서 의심은 금물이다.
황당할수록 우기면 더 잘 믿으니
그 누구도 해낼 수 없는 거야.

21. 영원한 사기꾼

　세속법은 알고 하면 죄가 많고, 모르고 하면 죄가 적다고 한다. 그러나 부처님 법은 알고 하면 죄가 적고, 모르고 하면 죄가 많다고 한다.
　모르고 훔치면 죄가 적고, 알고 훔치면 죄가 많다. 이것이 세속법이다. 모르고 훔치면 죄가 많고, 알고 훔치면 죄가 적다. 이것이 부처님 법이다.
　사기를 치는 것도 알고 치면 죄가 많고, 모르고 치면 죄가 적다. 이것이 세속법이다. 그러나 부처님 법은 알고 치면 죄가 적고, 모르고 치면 죄가 많다.
　왜 그런가 하면, 알면 나쁜 것인 줄 알기 때문에 언젠가는 뉘우쳐 중지하게 되고, 모르면 나쁜 줄 모르기 때문에 뉘우칠 줄 모르고 계속하게 된다.
　그래서 모르고 하는 죄는 큰 것이다. 무엇과 같은가? 종교와 신앙에서 이와 같다. 절대의 신이 있는지 없는지 또는 깨달음과 구원이 있는지 없는지 본인도 모르며 목청 돋워 믿으라고 외칠 때 본인도 속는 것이요, 남도 속이게 되는 것으로 진짜 큰 사기이며 영원히 지울 수 없는 영원한 사기 중에 사기인 것이다.
　그래서 어리석은 것만큼 큰 죄가 없는 것이며, 어리석은 사기만큼 큰 사기가 없는 것이다.
　자신이 속으면 자신이 깨달을 때까지 남을 본인도 모르게 속

입 속으로 끌어들이는 것이다. 그래서 영원한 사기인 것이다.
  우리 모두가 참답게 깨치지 못하고 진리를 잘못 가르친다면 어쩔 것인가. 서구의 양대 신앙은 영원히 싸운다. 이것이 영원한 사기요, 영원한 어리석음이다.

  뱀이 물을 마시면 독을 만들고
  소가 물을 마시면 우유를 만든다.

22. 선택(選擇)

골라잡는 것이 선택이다. 우리는 무엇을 골라잡고 왔는가? 저 넓은 우주의 많은 별들 중에 지구를 향하여 왔고, 또 조그마한 한국 땅을 향하여 왔다.

아버지와 어머니를 골라잡은 것도 '나'요, 형제 자매를 골라잡은 것도 나요, 고향과 직장·학교 등을 골라잡은 것도 '나'이다.

아버지와 어머니가 나를 낳은 것이 아니라, 내가 부모를 선택한 것이다. 그래서 부모님에게 빚이 많고 부모님의 은혜가 하늘과 같은 것이다.

우리 모두의 선택이 같았을 때, 이것을 공업(共業)이라 한다. 공업이란 공동된 업이다. 우리는 공업 중생이다.

누가 우리의 앞길을 선택해 주는 것이 아니라, 우리 스스로 하는 것이다. 선택은 자유이며, 한 번의 잘못된 선택은 돌이킬 수 없는 길로 가게 된다.

한 번 맺은 인연이 지중하듯이 맺기는 쉬워도 끊기는 어렵다. 죄를 짓기는 쉬워도 지은 죄를 없앨 수는 없다.

세상을 구하고 파괴하는 것도 우리의 선택에 달려 있다. 그래서 지혜로워야 하는 것이다. 세상에서 가장 무서운 것은 어리석음과 집착이다.

물에 물감을 타면 빠지지 않는다
납으로 백금을 못 만든다.

23. 오복(五福)

　오복은 다섯 가지 복이다. ①오래 사는 것[壽], ②넉넉하게 사는 것[富], ③건강하게 사는 것[康寧], ④덕 있게 사는 것[攸好德], ⑤제명에 죽는 것[故終命]이다.
　오래 살려면 생명을 중시하고 살생을 하지 말아야 한다. 부자로 넉넉하게 살려면 남의 소유물을 훔치지 말고 탐내지 말아야 한다. 건강하게 살려면 사음하지 말고 음욕을 절제하여야 한다. 덕이 있으려면 베풀기를 좋아하고 신용이 있어야 한다. 신용은 거짓말을 하지 않는 데서 생기는 것이다. 제명에 죽으려면 술을 마시지 말고 지나친 과식을 말아야 한다.
　①살생하지 마라. ②훔치지 마라. ③삿된 음행하지 마라. ④거짓말하지 마라. ⑤술 마시지 마라. 이것이 불교 오계(五戒)이다.
　오계를 지키면 오복은 저절로 생기는 것이다.

　남의 생명 죽여 산삼 보약 달여
　먹고 오래 살고, 도적놈 잘 살고,
　바람꾼 집안 편하고, 사기꾼 덕 있고,
　주정꾼 잘되는 것 보았느냐.

24. 봉사활동

　봉사 활동은 참으로 좋은 것이다. 그러나 신앙과 종교의 차원에서 봉사는 자칫 어리석음과 미궁에 친밀감을 줄 수 있는 인연이 되는 것이다.
　깨친 자는 봉사가 아니라, 자비의 실천으로 계속 깨달음의 세계로 연결하는 중개적 인연의 고리가 되지만, 봉사라는 말 자체가 아름다워 모든 사람들이 친밀감을 느껴 애착을 갖는 인연이 지어진다.
　그래서 깨치지 못한 자의 봉사는 봉사가 아니라, 집착 만들기와 허전한 마음 달래기로 여러 사람을 미궁의 세계로 인연 지어 주는 연결의 고리가 될 수 있는 것으로 오히려 잘못하면 죄가 된다.
　그래서 봉사는 봉사 자체로 끝나야 한다. 사회의 봉사단체나 국가의 공익단체에서 하면 되는 것이지, 종교의 포교나 선교 적으로 하는 것은 이미 중생을 속이는 기만이 될 수 있다.
　진정한 의미의 서구적 종교 활동과 봉사는 침략의 선구적 전초기지 역할을 했으며 결국은 전쟁과 테러, 그 외에 무엇을 했는가?
　과학 발전의 저해 요인이 되었고 전통문화의 말살과 파괴, 획일적인 믿음을 강요하는 아집의 발상지였다. 여기에 어떤 훌륭한 일을 했겠는가? 배고픈 자에게 빵을 주고 병을 간호하는 것,

이런 것은 아무것도 아니다. 전쟁과 테러·살상의 원인이 되었다면 이미 가치가 없는 것이다.

   기린 엉덩이 춤추고
   너구리 때때옷 입고 광내네.

25. 종교가 하는 일

사회 일각에서는 기독교는 좋은 일 많이 하는데, 불교에서는 무엇을 했냐고 묻는다. 언뜻 듣기에는 그렇다. 기독교에서는 학교를 짓고, 병원을 짓고, 봉사활동을 하고, 선교를 한다.

나는 그래서 반문을 한다. 좋은 일의 기준은 무엇이며 어떻게 하는 것이 좋은 일이냐고? 진정한 좋은 일은 마음 밝히는 일이다. 또 십일조 헌금을 걷어서 어디에 쓰느냐고 묻는다. 교회에서 걷는 십일조는 국가 예산보다도 많은 것이다.

천만 명이 수입의 십 분의 일을 바치는 것이다. 국가에 세금을 그렇게 잘 냈다면 세계 제일의 강대한 복지국가가 될 것이다. 학교 짓고 학교에서 교리 가르치고 병원 짓고 수입 올리고 선교하는데, 그리고 민족문화의 이질화, 전통 문화의 말살 등을 가르치는데, 이것이 과연 훌륭한 일인가?

그러면 불교는 무엇 하느냐?

불교는 조용히 내 자신 내가 속이지 않고 남 속이지 않으며 믿으라고 강요하지 않고 집착하지 않는 것이다. 오히려 조용히 있는 것이 참답게 중생을 제도하는 것이며, 세계 사회를 맑게 하는 것이다.

한 생각 맑게 하는 것이다.

고양이가 생선 지키고
참새가 방앗간 지킨다.

26. 우상숭배(偶像崇拜)

모양이 있건 없건 숭배하는 것이 우상이다. 큰 바위·나무·바다·물 등 어떤 모양이나 밖을 향한 숭배는 작은 우상이다. 왜냐하면 보이면 하고 보이지 않으면 하지 않으니 작은 우상이다.

그러나 큰 우상이 있다. 종을 자처하고 노예를 자처하는 맹신, 이것은 고치지 못하는 큰 우상이다. 있지도 않은 허상을 만들어 밖을 향하여 구원을 외치는 것은 자신의 '참마음'을 잃고 자신의 '참 나'를 잃는 것으로 가장 큰 우상으로 꼭두각시의 삶이다.

참다운 실상은 참마음이며, 자신을 잃게 되면 대상을 찾게 되고 자신을 잃게 되면 밖으로 집착하여 우상을 만들어 신을 찾고 깨치지 못하면 허상에 매달린다.

마음 밖에 절대의 신이 있다고 하는 것이 이미 큰 우상이다. 밖을 향하면 향할수록 우상은 더욱 커지는 것이다.

부시맨 콜라병 보고 절을 하고
문명의 외계인 보고 하나님이라네.

27. 절로 되는 일

세상에 절로 되는 일이 있든가?

목 처들어 뻣뻣하니 막히는 일이 저절로 많이 생긴다. 뒷짐 지고 허리 재니 되는 일이 하나 없다. 무릎 뻗어 팔자걸음 보는 사람 우습다네, 실패하는 일 왜 생기는가?

누구를 원망하랴.

고개 숙여 예배하니 막히는 일 절로 풀리고, 허리 숙여 존경하니 만인이 서로 돕네. 무릎 꿇고 절을 하니 천신(天神)이 칭찬하는데, 안 되는 일 어디 있으랴!

절로 되는 절을 왜 하지 않는가?

오냐, 오냐, 장하고 기특하다
소원이 무엇이냐 어서 말하라.

28. 애욕

　성욕이 강하다 하더라도 병들면 사그라지는 것이다. 그러나 늙어도 주책이 애욕인 것이다. 꿈만도 못한 것을 탐닉하니 꿈 아닌 것이 어디 있는가?
　애욕에 집착하여 실체가 없는 영원하지 못한 빛깔의 그림자를 쫓아 허송하는 꿈의 환영일 뿐이다.
　애욕과 욕망의 고삐가 외부의 세계와 인간의 세계를 단단히 묶어 놓아 생사 윤회의 족쇄를 벗어나지 못하게 한다. 온갖 악의 그림자, 온갖 범죄, 온갖 망상의 실체가 없는 꿈을 쫓아 일으키는 밝지 못한 집착은 어두움을 더하니 어찌 어리석지 않으랴!

　닭이 알을 품고
　개는 뼈다귀 핥고 있네.

29. 음행(婬行)

음행 중에 제일 큰 음행은 몽정(夢精)이다. 얼마나 음욕이 치성하면 꿈속에서 귀신과 정사를 나누는 것일까. 몽정은 꿈속에서 귀신과 관계하는 것으로 힘이 빠지고 기분이 나쁘다.

두 번째 큰 음행은 자위행위이다. 음욕이 치성하여 대상도 없이 스스로 혼자 사정을 하기 때문에 큰 음행이며 정신 건강에 나쁘고 이 또한 기가 많이 빠진다.

세 번째 음행은 누정(漏精)이다. 성 관계를 하지 않고도 여자만 보면 저절로 사정이 되는 것이니 힘이 더 빠져 음욕이 큰 것이다.

네 번째 큰 음행은 바람피우는 것이다. 인간은 누구나 여건이 주어지지 않아 상대적인 음행을 하지 못하는 것뿐이다. 위에서 네 번째까지는 여건만 주어지면 언제라도 음행을 할 수 있는 것이다. 중생은 마음속에 음욕이 꽉 차 있다.

다섯째 음행은 정음(正淫)으로 정상적인 부부관계이다. 음행 중에 제일 건전한 것이다.

수행자는 그 어디에도 속하면 안 되는 것이다. 그래서 음계(婬戒)가 제일 계이다.

태어날 때부터 배우지 않아도
제일 잘하는 것 중에 하나이다.
불을 때라 그리고 풀무질을 해라
그러면 음기가 청기로 바뀌리라.

30. 꼬질 대 부러지던 날

　군대에서 크게 잘못한 일이 있으면 그날은 꼬질 대 부러지는 날이라 한다. 꼬질 대는 총알이 잘 나가라고 총구멍을 쑤시는 쇠로 된 막대기이다.
　꼬질 대는 남근(男根)으로도 비유한다. 쇠 꼬챙이가 부러지든지, 이 남근이 부러지면 어떻게 되겠는가? 고통이 극심할 정도의 기합이라는 뜻이다. 보드라운 남근으로 밤송이를 까라면 까는 흉내라도 내는 것이 군대의 군기이다.
　속인은 남근이 부러지면 불구자요, 수행인은 남근이 부러지면 도를 이루는 것이다. 남근은 음욕의 상징으로 음욕이 뿌리째 뽑히면 샘이 없는 것으로 도를 이루기 쉬운 것이다.
　절 입구에 큰 철주인 당간이 있는데, 당간을 양물의 상징으로 당간을 쓰러뜨려라(도찰간倒刹杆)는 말이 있다. 음욕을 꺾으라는 것이다. 중생의 음욕이 얼마나 강한지 봄 구멍은 무쇠를 녹이고 가을 작대기는 철판을 뚫는다는 이야기가 있다.

　무슨 구멍인데 무쇠를 녹이고
　무슨 작대기가 철판을 뚫는고
　세찬 불로 솥의 물을 데펴라.

31. 정(情)

정이 들어 기쁘고, 정이 들어 슬프고, 정이 들어 예쁘고, 정이 들어 밉다. 정이 들어 가련하고, 정이 들어 불쌍하다. 못생겨도 정이 들면 귀엽고, 잘생겨도 정이 없으면 무관하다.

정이란 무엇인가?

사랑하는 부모님도 정이요, 사랑하는 아내도 정이요, 사랑하는 아들 딸도 정이다. 정이 없는 부모 자식 형제! 그 속에 애틋한 사랑이 있을까?

정이란 많은 시간을 함께 했을 때, 자연히 생기는 것을……. 가정·학교·직장·사회 이 모두가 얼굴을 맞대고 마주쳤을 때 그 속에서 정이 생기는 것이다.

피가 섞인 부모 형제라도 떨어진 시간이 오래되면 왜 서먹서먹한 것일까? 정이 점점 멀어지는 것은 아닐까?

이산가족 반세기에 만나기를 꺼리는 사람들. 그러나 정이 들지 않아도 가까운 사람들이 있다.

오랜 생을 도반으로 살아온 사람들. 불법의 대해(大海)에 넘치는 자비는 정이 없어도 기쁘고 즐겁고, 정이 없어도 측은하고 가련하다.

정이란 오랜 세월 집착하는 것이다.

집착하는 그 속에는 늘 근심과 괴로움이 따른다. 사랑이란 정이요, 정이란 사랑이다. 사랑과 정은 목숨보다 더한 집착을 나타낸다. 그러므로 걱정하고, 근심하고, 우울하고, 슬퍼하고, 괴로워한다. 또한 그러므로 예쁘고, 기쁘고, 즐겁고, 따사롭고, 행복하다.

    그러나 이런 것들은 본래가 없는 것이다. 모든 것이 대자연의 속임수에 넘어가 집착하는 것이다. 집착을 버리면 모두가 아름답고 모두가 사랑스러우며 모두가 가련하다.

    해가 중천에 떠서 지지 않고
    달은 서산에 걸쳐 있네.

32. 감옥(監獄)

우리를 가두는 것이 누구인가. 누가 우리를 가두고 속박하던가. 우리는 지금 어디에 갇혀 있는가? 정말로 우리를 가두는 큰 감옥은 우리의 육신인 것이다.

몸 속에 갇혀 꼼짝도 못하는 놈. 이것이 무엇이냐. 마음은 본래 자유롭게 태어나고 죽음도 없는데 육신이라는 생각에 갇혀 있다.

우리에게는 큰 감옥이 6개 있고, 중간 감옥이 36개 있으며, 조그마한 감옥이 108개 있다. 정말로 스스로 깨치지 못하면 스스로 짊어지고 가는 움직이는 영원한 감옥이다.

세속적인 감옥은 오히려 자유로운 것이다. 눈이 있어 보는 것이 자유롭지 못하고, 귀가 있어 듣는 것이 자유롭지 못하고, 코가 있어 냄새를 자유롭게 못 맡고, 혀가 있어 맛을 자유롭게 못 느끼며, 몸이 있어 촉감을 자유롭게 못 느끼며, 생각이 있어 마음이 자유롭지 못하다.

왜 그런가?

보는 성품은 안팎이 없고 우주에 충만하여 빛이 있건 없건 시간과 공간을 초월하여 항상 볼 수 있는 것이다. 눈에 얽매여 보는 성품을 가두고 본다는 한계를 설정하여 스스로 구속하고 있는 큰 감옥이다.

이와 같이 들음·냄새·맛·느낌도 같다. 죄를 짓고 구속되었을 때 감옥이 답답한 것이 아니라, 망상과 번뇌로 인한 욕망이 답답한 것이다. 참말로 우리를 가두는 감옥이 무엇인가.

육신이야말로 우리를 가두는 큰 감옥이다. 육신이 병들고 육신의 감옥이 고통스럽게 무너지는 날을 우리는 죽었다고 하지만! 그때 헐린 문드러져 가는 감옥에 집착하여 떠나지 못하면 구천을 맴도는 귀신이 되어서도 육신을 생각으로 만들어 고통을 받는 것이다.

$6 \times 6 = 36, 36 \times 3 = 108$

번뇌 망상이 큰 감옥이다.

33. 견성(見性)

견성이란 성품을 본다는 뜻이다. 그러면 성품과 마음은 다른 것인가? 아니면, 성질과 마음과 성품 또는 성격은 다른 것인가?

성격·성품·성질은 모두가 마음의 고유 품성·품격·품질을 말하는 것으로, 견성이란 결국 견심(見心)과 같은 것이다. 성품을 보면 마음을 볼 수 있고, 마음을 보면 성품을 볼 수 있는 것이다.

견심은 포괄적이라면, 견성은 작용하는 것을 보는 것이다. 마음에 모양이 없는데 어떻게 볼 것이며, 성품에 모양이 없는데 어떻게 볼 것인가? "자네 김치 맛 좀 보고와, 자네 고기 맛 좀 보고와." 맛은 보는 것이 아니고 느끼는 것이다.

그런데 보고 오란다. 분명 보이지 않는 맛을 보고들 온다. 마음이 보이고 성품이 보인다면 먼저 번뇌부터 보이고 또한 망상부터 보인다.

그래서 견성, 즉 성품을 본다는 것은 세수하면 자연적으로 코가 만져지듯 그냥 보이지 않게 보인다. 그래서 확연히 느끼는 것이다.

　　모르면 쥐어 주어도 모르지
　　키스하다 혀 물리고 뺨따귀
　　맞으면 달콤하더냐 아프더냐.

34. 한 생각 돌이키면

한 생각 돌이키면 만사 형통인 것을 왜 모르는가? 한 생각 돌이키면 괴로움이 즐거움되고, 한 생각 돌이키면 막혔던 일 절로 풀리고, 한 생각 돌이키면 지옥이 극락되고, 한 생각 돌이키면 미움이 사랑되고, 한 생각 돌이키면 한 생각 안에 우주의 모든 것이 있다는 것을 알게 되리라.

마귀도 내가 갖고 있고, 부처도 내가 갖고 있고, 가난과 부자도 내가 갖고 있는 것이다. 사랑과 마음과 증오·용서 등 모든 것이 한 생각 속에 있는 것이기에.

한 생각 돌이키면 한 생각 속에 모든 것이 용해되리라. 본래 아무것도 없던 것을 알리라.

아느냐, 무엇이 한 생각인지
한 생각이 어디서 일어나느냐
손을 쥐지 말고 펴 보아라.

인 연

1. 도량석(道場席)

　총총히 별빛이 솟아지는 새벽 3시, 삼라만상은 깊이 잠들어 여름엔 간혹 풀벌레 소리와 머슴새의 구슬픈 임 찾는 울음, 가을엔 휘몰아치는 바람에 낙엽이 뒹구는 소리, 겨울엔 북풍한설이 몰아치는 세찬 바람에 산이 우는 소리, 사시 사계절 도량석의 묘미는 다르건만 별빛이 영롱 초롱초롱 소곤거리는 모습은 언제나 같다.
　누군가 놀래어 별안간 깰까 봐 목탁을 숨죽여 조용히 올리고 힘있게 내리고 조용히 올리길 반복할 때 도량은 기지개를 켜고 깨달음의 세계를 향한 정진이 시작되며 모두가 다함께 깨달음이 이루어지길 기원하며 하루는 시작이 된다.

　심장이 박자 맞추고
　맥박이 너울너울 춤추네.

2. 고요함

　세포가 소리를 먹는다. 소리가 본래 있는 것도 아니요, 소리가 본래 없는 것도 아니다. 소리가 들리지 않아도 본래 있고 소리가 들려도 본래는 없던 것. 듣는 성품은 소리가 없어도 본래 있고 듣는 성품이 본래 있을 땐 소리가 있건 없건 항상 하는 것이다. 고요하건 조용하건 시끄럽건 듣는 성품은 항상하기에 놓으면 시끄러워도 고요하고 취하면 조용해도 시끄럽다.
　고요는 안의 경계요, 조용은 밖의 경계다. 고요는 소리가 있건 없건 고요하고, 조용은 소리가 없으면 조용하고, 조용은 소리가 있으면 시끄럽다. 깊은 산사라고 고요한 것이 아니다. 취하면 시끄럽고, 놓으면 고요한 것이다. 시내 한 복판이라고 시끄러운 것은 아니다. 놓으면 고요해진다.

　갓난아이 울면 젖 준다
　엄마의 귀는 어디 있는가.

3. 홰 치는 소리

　범종루에 올라 심호흡을 가다듬고 나무아미타불을 몇 번 되뇌이려면 사방은 고요하고 들리는 소리라고는 간혹 매섭게 부는 바람에 나뭇가지 울고 낙엽이 뒹구는 소리, 범종이 세 번쯤 울리면 새벽을 알리기는 아직 멀었는데 어김없이 꼬끼오 꼬끼오, 종소리 듣고 수탉의 홰 치는 소리가 사방에 요란하게 퍼지며 골짜기 타고 종루로 올라온다. 삼도(지옥·아귀·축생)의 고통을 쉬라는 종소리를 제일 먼저 듣고 사방에 알리는 수탉의 공덕은 얼마나 될까?

　벼슬 좋아하면 수탉되고
　싸움 좋아하면 수라된다.

4. 한라산 남국선원

　서귀포에서 바라보는 한라산의 정상은 늙은 노파가 누워 있는 모습이다. 초겨울 눈발이 일찍 내리는 때의 모습과 이른 봄, 서귀포의 날씨는 따사롭다. 그러나 한라산 정상의 눈꽃은 장관(壯觀)이다.
　사진에서 보는 스위스의 알프스를 연상케 한다. 서귀포는 따스한 봄날과도 같고 늙은 노파가 흰 수건을 머리에 두루고 누운 듯 백설이 덮인 한라산의 정상은 아름답다.
　따뜻한 서귀포 남국의 정취, 서귀포에서 4킬로미터쯤 떨어진 한라산 중턱 해발 600미터 고지에는 남국선원이 있다. 겨울에는 따뜻하고 여름에는 시원하다.
　지금도 남국선원 무문관에서 7명이 정진하고, 선방에서도 20여 명이 열심히 정진하고 있다.

　　흰 사슴이 썰매 끌고
　　천녀(天女)는 춤추네.

5. 한라산 영실(靈室)

영실이란 신령스러운 집이다. 적송이 우거진 1,100고지 이곳에 영실이란 땅이 있어 부처님이 오르셨다는 불래(佛來) 오름이 있고, 부처님의 제자, 16나한 중에 한 분인 발타라 존자가 계셨다는 존자암(尊者庵)이 있다.

오백 나한의 기괴한 바위 영실의 아름다움은 한라산에서 빼놓을 수 없는 곳이다. 부처님이 오르셨다는 불래 오름. 발타라 존자가 계셨다는 존자암. 제주를 '탐라'라 하는데 불경에 '탐몰라'주가 있고, 탐몰라주에 존자님이 계셨다는 기록은 이미 제주도에 2천5백년 전에 불교가 들어 왔다는 이야기이다.

불교의 역사를 다시 볼 때이다.

고금의 왕래가 없으니
여래께서 나투셨네.

6. 서암 큰스님

근세에 보기 드문 청정하고, 훌륭한 존경스러운 큰스님이다. 봉암사 조실로 계실 때 추운 겨울 완전 촌로(村老)와 같은 모습으로 누비옷을 입으시고 나를 찾아 오셨을 때가 큰스님을 처음 뵙는 순간이었다.

그 후 인연이 되어 가끔 봉암사로 인사를 갔다. 큰스님만큼 명안(明眼)을 가지신 분을 아직 나는 만나 보지 못했다. 나이 많은 노스님들은 어딘지 냄새나는 기분의 답답함도 있는데, 서암 큰스님은 모두가 명쾌하게 마음의 세계를 잘 설명하시고, 국가관·종교관·정치·경제·사회 등 모든 분야에서 부처님의 경전대로 딱 떨어지게 말씀하신다.

특히 정(正)과 사(邪)를 명확하게 설명하시는 큰스님 같은 분을 나는 아직 만나 보질 못했다.

나는 일찍이 예언한 일이지만, 대구에서 큰스님이라고 소문난 어떤 스님은 정과 사를 구분도 못하는 법문을 일삼다가 입이 삐뚤어지는 병에 걸렸다.

법을 설함이란 이렇게 어려운 것이다. 잘하면 교화요, 잘 못하면 중생을 속이는 일이 되는 것이다.

눈 뜨고도 못 보고,
눈 감고도 보는 이는 누구인가.
구름이 어찌 밝음을 막으랴.

7. 청정한 삶

　서암 큰스님께서 종정(宗正) 자리에서 물러나신 뒤, 봉화의 깊숙한 산자락 조그마한 토굴에서 내일 모래면 90줄에 들어설 노인이, ……혼자 밥을 짓고 살고 계셨다.
　눈시울이 뜨겁게 달아오른다. 참으로 뵙기가 민망하다. 출가 전에 가끔 찾아뵙고 인사 올리는 편이 었으나, 출가 후 가사를 수하고 처음 인사를 올렸다. 큰스님께서는 깜짝 놀라시며 당황하셨다.
　"공부 그만하면 되었지, 승속이 어디 있는가? 무엇 하러 머리를 깎았어."
　하시는 것이다. 참으로 눈물겨운 한 말씀이다. 이왕 머리를 깎았으니 마음 비우고 살라는 것이다.
　한 번은 빈손으로 찾아뵙기가 민망스러워 인삼 한 갑을 사들고 봉화의 산골 조그마한 토굴로 갔다.
　"늦게 머리를 깎아 아직 중이 덜 되었군. 중은 거지인데 거지가 무슨 선물을 사 갖고 다니는가! 중은 거지로 살아야 되는 거야."
　이 말씀이 항상 나를 반성케 하고 정말로 소유하려는 마음이 일어날 땐 스스로 부끄러움에 얼굴이 붉어진다.
　아버님 같은 큰스승님이다.
　정말로 큰스님을 존경한다.

얼굴 붉힐 줄 아니 양심은 있네
맑은 하늘 쳐다보고 마음에 비춰.

8. 혜국 큰스님

내가 가장 존경하는 스님이다. 자주 찾아뵙고 인사를 해야 하는데, 전화라도 해야 하는데, 나는 혜국스님만 보면 눈물이 난다. 전화를 못하는 이유도 목이 메어 말문이 잘 안 나와 전화도 못하고 있다.

나를 두 번이나 살려 준 분이다. 한 번은 우주인과 예수를 썼을 때, 참으로 어려운 궁지에 몰렸을 때 혜국스님은 나를 살려주었고 또 한 번은 출가했을 때, 나의 은사님은 일타(日陀) 큰스님이지만, 사실 정말로 은사님은 혜국스님이나 마찬가지이다.

그러니 어찌 눈물이 안나오겠는가. 멀리서 언제나 인사를 하고 있고 늘 존경하는 마음으로 살아간다.

백천 내가 바다로 모여
한 맛을 내듯 은혜도 같다.

9. 어머니 스님

나에게 어머니 스님이 한 분 계신다. 북한산의 삼각산 조그마한 토굴을 거창한 사찰로 일구어 놓은 노 비구니, 우주인과 예수를 썼을 때 난생처음 그 사찰에서 일주일 기도를 했다. 주지스님의 간곡한 청이다.

기도의 효험을 모르는 사람은 그 스님을 보면 알게 되리라. 삼각산 승가사 주지 성상륜스님! 확실히 대자모(大慈母)이다.

출가 후, 비구니에게 삼배를 올리기는 어머니 같은 대자모(大慈母)에게 처음이다. 어느 스님은 이렇게 말한다. 비구니에게 절하는 것이 아니라고, 그러나 마음에서 우러나는 어머니의 품을 누가 막을 것인가?

청정을 본받고, 원력을 본받고, 자비를 본받고, 기도를 본받고, 계행을 본받고, 포교의 행을 본받아야 할 원력의 대자모(大慈母) 상륜스님!

무더운 여름 108계단 위의 마애석불 앞에 자리를 깔고 앉아 좌선을 하면 시원한 가을 바람을 맞이하는 것 같은 상쾌함, 서울 시내가 한눈에 내려다보인다.

숙세의 인연이 오늘에 만나고
숙세의 인연이 내일로 연결되니
인연에는 길고 짧음이 없어
짧은 인연인들 어찌 숙세가 아닌가.

10. 유일한 나의 도반

나에게 유일한 도반스님이 한 명 있다. 나에게 도반이 있을 수가 없다. 나는 그 어디에 속한 중이 아니니. 남국선원에서 사귄 스님이다.

이 스님이 없으면 그 누구도 성불할 수 없다. 성불을 하는데는 반드시 선근(善根)이 많아야 되니까. 그래서 이 스님이 없으면 성불을 못한다.

왜냐하면 그 스님의 법명이 선근(善根)이니까. 이름이 선근인 것같이 이 스님은 계행이 철저하고, 자비심이 많고, 항상 근면하며, 열심히 기도를 한다. 정말로 깨끗하게 살고 있다. 나는 늘 이 스님과 대화를 나눈다. 서로 확철대오 하라고 축원을 아끼지 않는다.

우리의 인사는 확철대오
불국정토 중생구제.

11. 무척산 백운암

　김해의 무척산은 가야국의 종조산(宗祖山)이다. 가야국의 시조이며 김해 김씨의 시조인 김수로왕이 수도했던 곳으로 유명한 산이다. 김수로왕의 부인 허황옥의 오빠 장유화상이 세웠다는 조그마한 절, 백운암.
　낙동강이 굽어보이고 산의 정상에는 커다란 연못이 있어서 조그마한 백두산의 천지를 연상케 한다. 백운암의 뒤편에는 모은암이 있고, 백운암과 모은암의 산행 길은 정말로 아름답다.
　모은암에서 정상으로 오르는 길은 기암절벽으로 이루어져 신선들이 항상 사는 곳 같은 착각을 일으킨다. 특히 무척산의 산신(山神)님은 영험하기로 유명하여 정말로 신선이 사는 것 같은 느낌이 든다.
　슬픈 일은 가야의 성산(聖山)이며, 가야불교의 발상지인 무척산 정상의 연못 앞에 교회와 기도원이 있다는 것이다. 우리 민족에게 주체성과 전통문화가 상실된 지는 이미 오래된 일이라 이제 슬퍼한들 무엇하랴.

　굴러 온 돌이 박힌 돌 빼내네
　염치도 없는 철면피 한이야.

12. 백운암에서 백일기도

　남국선원에서 1년 반 만에 육지로 나와 처음 기도하고 있던 곳이 백운암이다. 백운암의 주지 법문스님은 재가 법사 시절부터 잘 아는 관계이기에 특별히 배려하여 기도를 열심히 잘 할 수 있었다. 기도 중에 미국에 있는 이계석 씨가 주지 법문스님의 초청으로 강연하러 왔다. 엄동설한 영하 10도, 산사의 기온은 더욱 매섭게 차다. 그 추위에 정법과 사법을 바로 알리려는 법문스님의 의지는 대단했다.

　앞마당에 꽉 찬 인파! 너무 추워 입이 열리지 않는다. 그래도 귀를 기울이는 신도들의 진지한 열기, 모두가 법문스님의 간절한 원력이 아니겠는가. 가물어 눈이 없는 고장 김해에, 백일기도가 끝나는 회향 시간에, 다른 곳에는 눈이 오지 않고 대웅전 앞에만 글쓰기에 알맞은 정도의 눈이 내렸다.

　법문스님이 눈 위에 '만성스님 100일 기도 원만성취'라고 써서 축하하여 주었을 때 정말로 희한한 일이며 고마운 일이었다.

　정(正)과 사(邪)를 잘 구분하는 고마운 스님이다. 참으로 나에게 잘해 준 분이다.

　배부르면 추운 줄 몰라
　배고파야 추운 줄 알지.

13. 미륵산 미래사

　동양의 나폴리라 부르는 경남 통영시, 이곳에 미륵산(彌勒山)이 있다. 미륵 부처님이 계시다는 산, 그 아래 미륵 부처님이 오신다는 미래사(彌來寺)가 있어 더욱 산이 아름답다.
　산의 정상에 오르면 동쪽으로 한산도가 보이고 더 멀리 거제도가 보인다. 남쪽으로는 부처님이 계신다는 세존도(世尊島), 연화세계의 연화도(蓮華島), 다도해의 풍경은 한 폭의 그림같이 아름답다.
　나는 산이 아름답고 사면으로 보이는 바다와 섬들이 너무도 보기가 좋아 점심 공양 후 매일 산 정상에 올라갔다.
　미래사의 주지 여적(如寂)스님. 나에게는 정말로 고마운 분이다. 포교와 기도 봉사 모든 일에 정성이 듬뿍 담겨 있는 조신(操身)한 정드는 스님이다. 보기만 해도 정이 든다.

　용화세계가 따로 있나
　자비가 넘치면 용화세계.

14. 비룡산(飛龍山)

　용이 난다는 뜻의 산이 비룡산이다. 산세가 수국(水局)이요, 물의 흐름이 산허리를 맴돌고 휘감으며, 산은 물을 끌어안고 굽이굽이 돌아가며, 물과 산이 어울려 춤을 추니 어찌 아름답지 않으리!

　아침엔 안개가 일어나 구름으로 피어오르고 산등성이를 넘으니 용이 나는 모습이요 호랑이가 기를 토하는 기상이다.

　그러나 이런 모든 경계는 밖의 경계요, 몸 안으로 일어나는 안개와 구름은 오색 찬연하여 경계가 없고, 근골(筋骨)의 산과 혈맥(血脈)의 물은 서로 감고 돌고 휘몰아치며 상쾌하기가 그지없고 고요하되 빛을 발하는구나!

　나는 용이 밭에 있으니
　대인을 만나 갈고 닦으면
　이로우리라.

15. 장안사(長安寺)

편안하다는 것은 천당이요 극락이다. 하늘과 같이 편안한 것은 천안(天安)이요, 극락과 같이 길이 편안한 것이 장안(長安)이다.

우주 법계에 가득한 것이 우리의 마음이요, 더하지도 못하고 빼지도 못하니 부증불감(不增不減)이다.

마음에 젊음도 없고 늙음이 없는데 어찌 태어나고 죽음이 있겠는가. 그러니 우리는 항상 부처님과 마귀를 동시에 끌어안고 다니면서 한때는 천당과 극락에 가고 한때는 지옥에 가서 괴로워한다.

누가 이런 것을 만들던가? 모두가 마음이니, 태어남도 없고 죽음도 없는 마음, 어찌 영원하지 않으리.

길이 편안한 장안(長安), 장안의 극락은 누가 만드는가? 직접 맛을 보아라.

인연이란 묘하여 장안사에 살다보니 주지 지정스님이 그렇게 존경하는 서암 큰스님의 상좌라는 것이다. 그래서 인연을 소중히 해야 한다. 불국정토를 이루려는 포교에 원력이 가득한 지정스님은 화엄학의 강사로서 깊은 산사에서 일요법회를 운영하며 여러 포교책자를 내고 있다.

물구나무서서 땅을 보면

세상이 바로 보이고
허공을 보면 거꾸로 보인다
손에 돈 쥐고 돈을 찾는가?

16. 제자가 스승되어

나에게 가장 소중한 제자가 있고, 나에게 가장 소중한 스승이 있다. 그 제자와 스승은 한 사람이다.

법명은 신황(信皇)이다.

법명은 내가 지어 준 이름이다. '믿음을 주는 황제' 라는 뜻이다. 신황이는 도인으로 대장경을 보지 않아도 내용을 알며, 보았다하면 정경인지 위경인지 정확하게 안다.

경·율·논에 해박하다.

누구에게 배운 것이 아니라 깊은 삼매에 들어 부처님이나 보살님 또는 아라한인 제자들과 신장님들께 배워서 안다. 깊은 삼매에 들면 우주의 끝없는 끝까지도 오가며 보고 듣는다.

나와는 30생전의 인연이 있어 스승과 제자로 서로 오가며 살았다고 한다. 처음에는 내가 가르쳤고 지금은 내가 배운다.

영원스님 죽어 구렁이 되어 제자에게
꾸지람 듣고 해탈하여 도를 이루었다네.

17. 회룡포(回龍浦)

　회룡대에 앉아 저 멀리 운무가 일어나듯 피어오른 산자락 지평선, 하늘과 땅이 맞닿은 곳에서 한줄기의 가느다란 실줄기가 굽이굽이 내려와 그림 같은 육지 안의 섬 의성포를 표주박 같은 대롱에 매단다.
　그 실줄기는 큰 물줄기가 되어 굽이굽이 휘감고 맴돌아 용포마을을 굽이치며 바람을 가두고 물을 얻어 회룡포*를 휘감으니, 물이 거슬리는지 흐르는지 휘감고 돌아 나간다.
　보기에 즐거우니 어찌 마음이 즐겁지 않으리…….

　모양내고 때 빼고 광내네
　본래 모습 그대로 인 것을.

---

* 회룡포는 경상북도 예천군 용궁면 장안사에 있음.

18. 용포 마을 할머니

    곶감을 실가지에 매달 듯 인정이 주렁주렁 매달린 주름진 할머니의 얼굴.
    용포 마을.
    포행(布行) 삼아 내려 간 마을이다. 사람의 그림자라고는 80대의 할머니 한 분, 자식들은 도회지로 나가고 늙은 부부만이 마을을 지키는 수호신인가 보다.
    그나마 바깥 노인은 장에 가고 없다.
    "시님, 어디서 오셨능교?"
    무엇이든 주고 싶어 곶감과 꿀을 내놓으며,
    "잡수셔, 아이고, 우리 손자놈 언제 장가갈능교?"
    기도해 달라는 할머니의 걱정은 오늘도 내일도 또 저승에서도 자손들의 걱정으로 눈을 감은들 어찌 편안하랴…….

    바람 부니 나뭇가지 흔들리고
    낙엽 지니 세풍에 패인 주름인가.

19. 회룡대에 올라

　의성포를 휘감고 도는 물줄기를 보며 산굽이 흘러오는 좁다란 논길, 멀리서 장난감 차가 굴러 온다.
　용포 마을에 가까울수록 선명한 모양, 도회지에서 흔히 보던 자가용, 깊은 골 몇 집 사는 마을에 웬 자동차인가? 반가운 손님이겠지, 사랑하는 자손들이겠지. 차 안의 손님이 누구인지 훤히 보이는 듯하다.

　학의 머리 길어지고
　까치 울어 댄다.

20. 원산성(圓山城)

　흙과 돌로 쌓은 옛 성, 문경에서 흐르는 금천(錦川), 영주에서 흐르는 내성천(乃城川), 태백에서 흐르는 낙동강(洛東江), 세 물줄기가 만나는 산자락에 비룡산(飛龍山)이 있고 옛 토성이 있다. 비룡산성이라고도 한다. 흙과 돌이 둥글게 쌓인 옛 성으로 삼국 시대 이전 삼한 시대부터 삼국인 신라·백제·고구려가, 또 후삼국에도 후백제·고려·신라가 접경한 전장터였다고 한다.

　늘비한 고분(古墳). 얼마나 많은 젊고 외로운 영혼들이 지금도 이 산성에서 맴돌고 있을까? 죽었어도 죽은 줄 모르고, 죽음을 악몽이라고 영혼은 생각하며, 꿈꾸는 듯 착각하고 깨어나지 못한 영혼들은 어두움 속에 시간이 정지되어 있고…….

　죽음을 깨닫고 깨어난 영혼들은 지금 어느 곳에 있을까? 몇 번이나 윤회의 사슬에 끌려 다니고 있을까? 아마 나도 그때 이곳에서 싸웠겠지.

　강강수월래 회전목마 타고 산천을
　보니 매일 보던 그 곳 돌고 돈다.

21. 단풍

참으로 곱기도 곱다. 참으로 곱기도 곱다. 붉음에 티가 없어 참으로 곱기도 곱다.

솔잎 사이 부는 바람에 산을 울리고 노래하면 곱디 고운 단풍잎 너울너울 춤을 춘다.

시원한 바람 목줄 타고 가슴으로 스며드니 만 가지 근심이 사그라지네.

홀리면 아름답고 넋빠져
멈추지 않고 달아나네.

22. 풍경소리

풍경 소리 요란한데 찾는 객이 없구나.
풍경 소리 요란한 것이 심상치 않구나.
내일은 좀더 추워지겠지.
강산이 춥고 대지가 추운데 어찌 사람인들 춥지 않으리.
이보다 더 추운 것은 인심(人心)의 추위이니 올 겨울도 얼마나 많은 중생들이 굶주림에 떨고 있을까? 인정은 오히려 가난에서 오는 것. 메마른 가슴이 더욱 추울 뿐. 하차(河車)를 열심히 돌려도 추울 땐 공부가 힘들고 더디다. 니환정(泥環頂)에 물이 오르지 않으니 세월이 속절없다.

겨울은 귀에서 오고
봄은 눈에서 온다
여름은 살갖에서 오고
가을은 입맛에서 온다.

23. 휘영청 밝은가

　너무도 밝아 휘영청인가, 밝음을 표현할 수 없어 휘영청이다. 별빛이 숨을 죽이고 숨바꼭질 할 수밖에 없는 밝음, 오늘이 보름이라 그런가?
　깊은 산사에서 보는 달은 유난히도 밝기에 만물을 삼키는 교교(皎皎)함. 빛을 따라…….
　광활한 평야에 살던 어린 시절 달빛에 홀려 신작로를 정처 없이 걸은 적이 있었지. 그때의 그 심정이 걷고 싶은 전생의 머나먼 고향을 찾아 한없이 걷고 싶은 향수, ……날 저물어 기러기떼 줄지어 날아가던 고향의 모습, ……보금자리는 어디인가?
　한없이 걷고 싶은 충동은 빛 속으로 빨려 들어감이겠지. 언제나 보던 그 빛이건만 오늘은 왜 이다지도 새로울까? 모두가 마음이 내는 분별이겠지. 옥토(玉兎)가 승침(升沈)할 때 공부도 승침하리라.

　눈감고 살았나? 눈뜨면 온통 빛인걸.
　슬픈 빛, 기쁜 빛,
　외로운 빛, 빛깔도 여러 가지.

24. 눈물

    내가 세상에 태어나서 이렇게 울어 보기는 처음이다. 그렇게 애지중지 키워 준 아버님이 돌아가셨을 때도 나오지 않던 눈물이, 몇 시간을 목놓아 울었다.
    출가하기 한 달 전 학교에 사표를 제출하고 집에 왔을 때 그렇게 서럽게 울던 부인의 눈물. 달래기에 진땀을 빼는 몰인정한 사나이의 차디 찬 가슴.
    그러나 사랑하는 우리 딸에게 공부 잘하고 엄마 말 잘 들으라고 했을 때, 나도 모르게 주책없이 흐르던 눈물, 영문도 모르는 우리 딸은 아빠의 심각한 말에 가슴이 메이나보다. 우리 둘은 서로 얼싸안고 밤이 새도록 흐느껴 울었다.
    출가하여 행자 생활하며 힘이 들수록 보고 싶은 인연들이 많아 맨 앞에 서서 예불할 때마다, 목이 메여 눈물이 뺨을 타고 내린다. 사랑하는 아내·아들·딸·친척 나에게는 소중한 인연들이다.
    잠시의 이별이 살아서 생이별되었고, 만나더라도 남이요 헤어지면 생각나는 천륜(天倫)의 정이 가슴에 사무친다. 마음의 공 도리를 깨쳤어도 인연에 의하여 내려온 훈습은 어쩔 수가 없나보다.
    발로참회를 할 때 목놓아 대성통곡이 되던 날, 이마가 열리며 마음의 공한 모양이 보일 때, 본래 아무것도 없었던 것들을 오래된 훈습으로 공연히 슬퍼한다.

가슴에 멍든 구멍이 있구나
폐로 내뿜고 똥구멍으로 숨쉬어라.

25. 사표 제출

　사표를 제출하는 일이 어디 나 혼자 결정 내릴 일인가. 우리 일가족의 생계와 장래의 안위 문제 등, 모든 것이 달려 있다. 나는 몇 달 전부터 마음에 출가의 뜻을 품고 기회만을 보고 있었다.

　마누라에게 나 학교 그만두고 출가해서 공부할란다. 마누라는 대수롭지 않게 농담인줄 생각하고 마음대로 하란다. 개학과 동시에 교장 선생님에게 사표를 제출했다.

　교장 선생님이, "김 선생, 어디 불편한데 있어요? 그만둘 놈들은 그냥 있고 있을 사람이 그만두면 어떻게 해?"

　불편한 점이 있으면 말해 보란다. 그냥 근무하고 있으란다. 집에 와서 사표 냈다고 하니 믿질 않는다. 며칠을 출근 안하고 있으니 그때서야 사태의 심각함을 알고 마누라는 식음을 전폐한 채 울기 시작한다.

　마누라가 이렇게 심각하게 울 줄은, 꿈에서도 상상해 보지 않았다. 아차! 하는 마음이 뇌리를 때리는 순간, 이미 엎질러진 물이다.

　꼭 출가를 하여야 도를 이루는 것인가? 이것이 아닌 줄 알지만 인연들의 얽힌 정들을 정리하는데는 출가뿐, 한없이 측은한 마음이 들 때 한 생을 살아온 마누라의 정이 불쌍하기도 하다.

　그래서 나는 열심히 수행하고 있고, 수행 생활은 항상 하는 것뿐이다.

    깨닫고 나니 도를 이루는데
    안팎이 없고 경계가 없는 것.
    백천 겁 지내도록 인연이 성숙치
    못하면 도를 만나도 이루지 못함.

26. 출가하던 날

이 글을 쓰는데 눈물이 자꾸 난다. 출가하던 날이 내 생일 날이다. 나는 생일 날을 기해 새로운 도(道)의 인생을 살겠다고, 금생에 반드시 도를 성취하겠다고, 새로 태어나는 마음으로 출가했다.

육신이 멀쩡히 살아 있는 지척들의 인연, 인연의 줄이 끊어지는 이별 아닌 이별이 더욱 서러운 것이다. 집사람은 영원한 이별이 서러운지 마지막 차리는 남편의 생일에 고기를 먹지 않는 나를 위하여 눈물을 흘리며 미역국을 끓인다.

같이 먹자는 말에 눈물을 흘리며 아무 말없이 방으로 들어간다. 나도 목이 메여 넘어가지 않는 아침밥을 몇 술 뜨고 아내를 달랬다. 몸 생각하여 먹으라는 말에 아랑곳하지 않고 나나 먹으란다.

시간이 되어 옷가지가 든 가방을 메고 집을 나서는 발걸음, 아들과 딸은 내가 출가하는 줄 모른다. 출가 6개월 전 아내에게 액센트 승용차를 한 대 사주었다.

운전도 완전하지 못한 아내는 나를 차에 태우고 청공스님과 만나기로 한 중부 휴게소까지 같이 갔다. 청공스님을 만나 팔공산의 P사까지 같이 갔다. 주지스님과 모두가 아는 사이라 인사를 하고 아내와 청공스님은 서울로 올라갔다.

아내를 돌려보내는 내 가슴엔 커다란 구멍이 난 듯 무너지는 듯한 회오리가 몰아친다. 한 동안 떠나는 차의 뒷모습을 바라보며 나도 모르게 눈물이 양 볼을 타고 흘러내린다.

건강하게 잘 살라고…….

이생에 도 못 이루면 또 만나게 되고
도를 이루면 만나지 않아도 충만해진다.

27. 행자시절

　새벽 2시 30분에 일어나 저녁 9시 30분쯤 되어야 잠자리에 드는 고달픈 나날의 행자시절, 군대의 훈련병 생활보다 더 힘들다는 행자시절이다.
　하루는 쟁기로 밭을 가는데 사람이 끄는 쟁기이다. 행자 둘이서 끌고 처사는 쟁기질을 한다. 한마디로 인간 소가 된 것이다. 정말로 전생의 업장이 두텁다는 것이 실감나는 때이다. 생전 해보지 않던 인간 소. 눈물이 앞을 가리고 따분하다.
　그렇다고 나이 먹어 되돌아 갈 수 없는 일, 죽어도 해야만 하는 것이다. 처사가 쟁기를 끌 때는 '오라이' 정지할 때는 '스톱' 하는 것이다. 힘이 들어서 끌 수가 없다. 도저히 힘이 안 난다. 그래서 처사에게 오라이, 스톱하지 말고 갈 때는 '이랴' 설 때는 '워' 방향을 틀 때는 '어져저' 하라고 부탁을 했다.
　우리가 전생 언젠가 한때는 소였을 것이니까 '이랴' 소리에 힘이 날 것이라는 생각에 그렇게 했더니, 정말 힘이 생긴 것인지 쟁기를 끌 수가 있었다. 어찌 보면 비통한 심정의 분발이겠지만…….
　쟁기를 끄니 사람들은 구경거리인 양 사진을 찍고 한동안을 쳐다본다. 밭일이 끝나기도 전에 총무 스님이 부른다. 16톤 트럭에 제재소에서 자투리 나무인 땔감을 가득 싣고 온 것을 부리란다. 정말 엄두가 안 난다. 행자 둘과 스님 한 명이 그 많은 젖은 나무를 내렸다.

그 후 허리에 병이 나서 한동안 극심하게 고생했다. 인생의 허무를 뼈저리게 느끼는 순간들이다. 이제 병들어 수행의 종지부를 찍고, 이것으로 인생의 꿈이 깨진다는 생각을 하니 눈물이 앞을 가리고 좌절의 고통이 나를 괴롭힐 때 비통함은 이루 말할 수 없다.

나이에는 장사가 없고 회생이 없다는 것을 깨달았을 때, 그럭저럭 사는 인생이라면 모르되 깨달음의 세계로 가는 길은 건강이 우선적이어야 하기에 처절한 비애만이 가슴에 응어리져 있다. 주위에서 그렇게 만류하는 좋은 직장을 버리고 사랑하는 가족들을 버리고 출가를 해서 얻은 것이라고는 병과 실직이라는 것뿐이다. 이런 생각이 드니 한없이 후회스럽다.

지금은 아니지만, 죽을 수만 있다면 죽고 싶은 심정이 들 때, 죽을 수 없는 가장 큰 이유는 도를 이루지 못하는 것도 있지만 얼마 안 되는 내 연금으로 우리 식구들이 살아간다는 것이다.

어느 때 조용히 숨이 끊어지는 순간 내 연금은 끝이다. 그러면 우리 집사람은 생활비가 끊기게 된다. 죽고 싶어도 마누라가 죽기 전에는 못 죽는 심정을 누가 알겠는가?

이처럼 비통함을 겪는 일이 두 번 다시 있다면 어찌될 것인가? 더욱 서러운 일은 행자가 몸이 아프면 치료를 해주는 것이 아니라, 보따리 싸 갖고 집으로 가라는 것이 절의 풍토이다.

내가 행자로 들어갔을 때 17세 먹은 선임 행자가 있었다. 행자끼리, 스님들도 마찬가지지만 아무리 나이가 적어도 반말을 못한다. 더구나 선임 행자에게는 더욱 안 된다. 군대는 계급이고 군번 순위이듯이 행자도 머리 깎은 순위이다.

17세의 김행자는 매일 졸고 틈만 나면 어디로 사라지는지 없다. 알고 보니 다락이 하나 있는데 그곳에 숨어서 몰래 자는 것이다.

그리고 찾으면 한참만에 나타난다. 어디서 오느냐고 물으면 주지스님 심부름 갔다온다는 것이다. 나중에 꼬리가 잡힌 일이지만, 나는 늦깎이로 행자 중에 나이가 제일 많아 노행자(老行者)이다.

노행자라고 하면 육조 혜능대사가 떠오른다. 이미 도통을 하여 스승을 찾아간 노행자(盧行者)이다. 스승 홍인대사에게 법의를 전해 받고도 16년이란 긴 세월을 숨어 살아야 했던 시기와 질투, 또는 목숨까지도 위협받던 시대는 오늘날 인간이 사는 세상과 별다른 차이가 없는 것 같다.

영화에 보면 삭발을 할 때는 삭발의식을 거룩하게 여러 스님이 입회하여 계를 일러 주고 하는 것 같은데, 나는 율원이라는 곳에서 일년된 사미가 세면장(밤에는 소변소) 하수구에서 쪼그리고 앉아 전기 이발기로 일차 깎고 일회용 면도기로 삭발을 했다.

간단해서 좋다. 그런데…… 아! 정말 이처럼 허무하고 서운한 것이 없다. 수채구멍에 머리를 대고 쭈그려 앉아 머리 깎는 신세가 왜 그렇게 따분한 것일까?

중학교를 중퇴하고 들어온 어린 행자, 기소 중지자로 숨어 다니는 깡패 같은 행자, 여러 질들이 짬뽕되어 있는 곳이 바로 이곳이다.

지금은 농경사회가 아니다. 시대가 급변하고 있다. 모두의 마음이 바쁘다. 하심(下心)의 차원에서 수행의 한 단계로써 하루 종일 허드렛일인 장작을 패고 똥지게를 지고 밭일을 하며, 부엌 설거지를 하며, 때에 따라서는 막노동 일인 벽돌 쌓고 시멘트 일을 하며 페인트 칠을 하는 등 쉴 틈이 없다. 이렇게 했을 때 하심보다는 왠지 모르는 불타는 증오심이 생긴다. 하심은 마음의 공한 도리를 알았을 때 저절로 되는 것이다.

그래서 하심은 도인도 어려운 것이다. 기독교에서는 그 귀한 시간에 컴퓨터·외국어·교양과목·선교의 실제적 현장학습 등 다양한데, 불교는 농경사회에서 쓰던 방법 그대로를 한다. 인간은 타성에 의하여 살아가나보다. 군대에서 졸병 때 매 맞고 기합 받을 때, 고참이 되면 절대로 안 때리고 기합주지 않겠다고 다짐하지만, 고참이 되면 때리고 기합준다.

이것이 고쳐지기까지 얼마나 많은 세월과 국민의 의식이 성숙되기를 기다렸는가? 타락하는 데는 앞질러 가고 깨달음에는 뒷걸음하는 현실의 불교, 시공이 초월되었나보다.

한쪽에서는 미래로 가고
한쪽에서는 과거로 간다.
한 생각에 무한한 시간이

무한한 시간이 한 생각 속에
있다고 오고 감이 없다더냐?

28. 홍역 기침

6·25 후 1·4후퇴 때 나는 아버지의 등에 업혀 추운 겨울 피난길에 올랐다. 그때 내 나이는 3살, 등에 업혀 가는데 어찌나 춥고 발이 시린지 아버지 뒤통수를 때리며 죽겠다고 발버둥치던 기억이 지금도 생생하다.

아버지 나이 53세에 나를 낳았다. 57세에 나를 업고 피난 가는 아버지, 그것도 내가 종갓집의 장손이다. 그러니 내가 얼마나 귀엽게 자랐으며 버릇이 없었겠는가?

피난길에 홍역이 들어 죽을 고생을 했고 다른 아이들은 홍역으로 모두 죽었단다. 전쟁이 끝날 무렵인지 집으로 돌아왔을 때는 나도 6살쯤 된 것 같다. 텃밭에는 보이지 않던 배추와 무를 묻는 구덩이가 몇 개씩 있다. 나중에 안 일이지만 그것이 애 무덤이라는 것이다. 피난길에 죽은 아이들의 무덤이다.

그 후 나는 홍역 기침을 고등학교를 졸업할 때까지 계절에 관계없이 밤낮으로 계속하였다. 그래서 머리는 항상 띵하고 기침으로 잠을 잘 수가 없었다. 기침 때문에 말도 제대로 할 수 없었고 항상 쉰 목소리이며 소리가 잠겨 있어 말하는 것이 귀찮았다.

병을 고치기 위하여 보약이라는 보약은 안 먹어 본 것이 없을 정도이다. 그 덕분에 키는 작아도 힘은 장사이다. 시골의 누군가가 두릅나무에 감주를 해 먹으면 낫는다고 하기에 100여리 되는 먼길의 산에서 먼 친척 되는 아저씨가 하루를 걸려 지게에 가득 지고 왔다.

고등학교 졸업 후 한 달 동안을 한 동이가 넘는 감주를 매일 세 그릇씩 마셨다. 한 달 후 설사를 하면 낫고 설사를 안 하면 못 고친다는 것이다. 어찌 되었건 정말로 한 달 후에 곱똥 같은 설사를 했다.

참으로 신기한 일이다. 기침이 한 번에 끝났다.

병에는 반드시 약이 있지
알지 못해서 못 쓰는 것
도를 이루는 길도 같다.

29. 운동

　머리가 항상 띵하고 기침이 심해 공부가 머리에 들어오질 않는다. 씨름이나 하고 싸움이나 하며 장난 치는 것이 제일 좋다. 그때 어릴 당시의 꿈이 평택에서 제일 가는 싸움꾼[깡패]이 되는 것이다.

　그렇게 되려면 운동을 해야 한다.

　초등학교 5학년 때 한 동네 사는 윤행이라는 친구가 있었다. 윤행이 형이 서울의 성남고등학교를 다니는데 윤행이가 어쩌다 그 학교의 교내 체육대회를 구경하게 되었다고 시골로 내려와 이야기를 하는 것이다. 윤행이는 언변이 좋고 노래도 잘하고 악기라는 악기는 못 다루는 것이 없는 천재적 소질이 있는 친구인데 때를 못 만난 것이 아쉬울 정도였다.

　중학시절 넓은 들녘 광야에서 어스름한 달밤에 별들이 속삭이듯 적막한 때에 볏짚단을 깔고 앉아 통소를 불면 왜 그리도 처량한지 이튿날 아주머니들이 윤행이 보고 "이놈아, 과부들 오줌 싸겠다. 웬 소리가 그렇게 구성지냐?"

　이 친구 악기 다루는 솜씨는 대단하다. 이 친구 얼마나 과장이 심한지, 나는 그 과장[뻥]에 잘 넘어가며 꼭 믿는다. 하루는 성남고등학교 체육대회 구경했던 이야기를 하는 것이다. 거기에 기계체조라는 것이 있는데 사람이 하늘로 날아다닌다는 것이다. 나는 들으면서 꼭 한 번 할 것이라고 마음먹었다. 더 재미

있는 이야기는 깡패 10명과 체육선생이 싸움이 붙었는데, 체육선생이 손 한 번 짚고 넘으니까 10미터쯤 날아가 양발로 깡패들 뒤통수를 한 번씩 차니 깡패들이 쭉 뻗었다는 것이다.

나는 이야기를 들으면서도 신나고 그것이 무엇인지 꼭 해보고 싶었다. 중학교에 입학하여 방과후에 보니 체조부 학생들이 공중으로 정말로 돌아가는 것이다. 나는 그 순간, '야! 윤행이가 말한 것이 바로 저거야.'

나는 그 길로 체조부에 가입하여 운동을 했다.

의심하는 것보다는
속는 편이 이익이다.

30. 전국체전

중학교 1학년 때 마루운동을 하다가 미끄러져 오른쪽 팔꿈치가 탈골되었다. 저녁 늦은 시간 어린 나이에 초죽음이 되어 간신히 집에 왔다. 아버지와 어머니는 깜짝 놀라며 어쩔 줄을 모른다. 그때는 의사가 없어 시골의 침 놓는 할머니가 맞추었다.

장정 머슴 3명이 나를 꼼짝 못하게 붙들고 할머니는 땀을 흘리며 인정 사정 없이 팔을 잡아 빼고 굽혔다 폈다를 반복하였다. 정말로 기절할 것 같은 아픔이었다. 아프다 못해 시름시름 앓기까지 했다.

두 달만에 붕대를 풀고 다시 운동을 시작하니 집에서는 난리가 났다. 귀한 자식 잡는다는 것이다. 나의 고집은 그 누구도 꺾지 못했다. 귀한 자식의 기를 누가 꺾을 것인가.

2학년 봄에 철봉에서 떨어져 바른쪽 손목 위가 부러졌다. 그때는 접골원에서 쉽게 맞추고 한 달만에 풀고 또 운동을 했.

9월에 전국 체육대회 경기도 예선대회가 있어서 인천으로 갔다. 기껏해야 3층짜리 건물인데도 촌놈의 도회지 구경은 별천지이다. 생전 처음 먹어 보는 자장면 맛도 요상하다.

운이 좋았던지 예선대회에서 개인 종합 우승이다. 생전 처음 받아 보는 상장과 메달 그것도 경기도지사의 이름으로 나온다. 생전 처음 받아보는 상장에 부모님은 동네 잔치를 했다. 한 달 후 제42회 전국 체육대회를 대전에서 했다. 전국체전에서는 종합 2위다. 대단한 성과이다.

  2학년 때 2위를 했으니까 3학년 때는 별탈만 없다면 1위는 맡아 놓은 당상이다. 이렇게 해서 3학년 때 우승을 했고 서울의 성남고등학교에 들어가게 되었다. 싸움은 못하고 깡패는 못되었지만 윤행이가 말한 뺑이 사실로 다가온 것이다.

  개천에서 용 났단다.
  병약하지 않으니 우선 좋구나.
  그놈 성격도 쾌활해졌군.

31. 고등학교

고등학교는 특기생으로 들어갔다. 윤행이가 말하던 서울 영등포구 대방동에 있는 성남고등학교이다. 김석원 장군이 이사장이고 사관학교에 많이 들어가기로 유명했던 학교이다. 한 학년에 6학급 60명이 정원이다.

나는 동대문구 용두동의 이모님 집에서 영등포구 대방동까지 버스와 전차로 통학을 했다. 참으로 고달픈 나날이었다. 아침 5시에 밥 먹고 부지런히 뛰다시피 학교에 가도 매일 지각이다. 7시 반에 보충 수업이 시작되는데, 그때는 운동선수라고 예외는 아니다. 김치 국물이 흐르는 도시락과 무거운 가방을 들고 학교에 가면 배고파 속이 쓰리기 시작한다. 그때 60년대 초, 참으로 가난하던 시대이다. 먹을 것이 별로 없다.

고깃국이라고 끓이는 날은 명절과 아저씨의 생신 날이 고작이다. 고기는 없고 고기가 헤엄치고 지나간 국물이다. 그래도 그 날은 힘이 난다.

수업이 4시 30분쯤 끝나면 5시부터 운동이다. 힘이 없어 주저앉아 있으면 코치형이, "야! 운동들 해라" 하고 소리 지른다. 그 형도 힘이 없으니 말로만 한다. 소리 지르길 몇 번하다가 그대로 있으면, "야! 일어나 집합한다. 그러면서 엎드려!" 하고 야구 방망이로 엉덩짝을 한두 차례씩 때린다. 맞으면 그 불기운으로 물 한 사발 마시고 운동을 시작했다. 운동이 8시 30분쯤 끝나면 씻고 집에 오면 11시이다. 졸면서 저녁을 먹는지 그냥 쓰러진다. 여기서는 피곤이라는 말이 필요 없다.

   비가 오나 눈이 오나 바람이 부나 일년 365일은 한결같았다.

어깨가 처지는 원리를 아는가
걷기가 힘들구나 배에 힘이 없어.

32. 화학 선생님

　화학 담당은 강대기 선생님이시다. 나는 초등학교 때부터 공부하고는 담쌓고 살았고 기초가 없는 내가 고등학교에서 수업 시간에 강의를 알아 듣는다면 이는 분명 인과응보에 어긋나는 일로 맞지 않는 일이다.

　화학 원소기호를 못 외우는 내가 무슨 말씀인지 알아 들을 리 없다. 모든 시간이 전부 그렇지만 화학 선생님은 원소기호를 외울 때까지 매일 종아리를 때린다. 미칠 지경이다.

　정말로 엄청나게 맞고 하루는 운동을 하지 않고 원소기호를 외웠다. 선생님의 칭찬이 대단하다. 미국으로 유학 가시며 때린 것이 인상에 남으시는지 나를 불러 운동 열심히 하란다.

　그 말씀에 닭똥 같은 눈물이 두 볼을 타고 내린다. 나를 이렇게 사랑하시는데, 그 후 어려운 일이 있으면 선생님 생각이 많이 나고 또 가장 보고 싶은 선생님이다. 내 별명은 돌대가리이다.

　돌대가리는 그만큼 우직한 면도 있다. 학년 초 선생님들마다 하시는 말씀이 운동도 잘하고 공부도 잘하면 문무를 겸비한 훌륭한 사람이 된다는 것이다. 이 말씀에 못하는 공부이지만 밤 11시에 집에 들어가 밥 먹고 1시까지 눈감고 책을 들고 있는 것이다. 공부한다는 것이 그냥 졸고 있는 것이다. 학교 가면 매일 졸고 매 시간 존다. 못 알아들으니 재미없어 졸고, 피곤해서 졸고, 죽도 밥도 안 되는 것이다. 운동 시간에는 피로가 겹쳐 운동을 못할 정도의 슬럼프에 빠졌다.

정말로 생사의 갈림길 같은 어려움이 있었다. 모든 것을 자포자기하고 학교도 안 가고 집에서 하루 종일 자고 그 다음날까지 잤다. 자포자기한 상태로 학교에 가서 심심풀이로 운동을 하는데 날 것 같은 기분으로 최상의 컨디션이다.

나는 그때 깨달았다. 잠을 많이 자면 기분이 좋다는 것을. 죽으나 사나 운동만 하자. 공부는 나하고 인연이 없다.

중용의 도를 모르면 고단한 것
부처님의 말씀은 중도(中道)이지.

33. 청계천에 책 팔다

깊은 슬럼프에 빠진 것이 고등학교 2학년 때의 일이다. 잠을 많이 자면 피로가 풀린다는 것을 깨달은 나는 수업 시간에도 잠 자는데 주력을 했다. 엎드려 자면 어김없이 출석부가 뒤통수를 강타한다.

정말로 미칠 것 같은 기분이다. 그래서 비법을 하나 터득했다. 꼿꼿이 앉아 눈뜨고 자는 것이다. 눈뜨고 자는데 선생님이 어떻게 알 것인가? 그 후 매를 안 맞고 충분히 잠을 잘 수 있었다. 나는 그 습관이 지금도 있어 어려운 일이나 중요한 일이 있을 때는 잠을 잔다.

그 잠은 생각하는 잠이다. 결혼해서 아내가 나를 보면 매일 자는 것이다. 책을 쓴다는 사람이 방으로 들어가 자고 있으니 이상한 일이지.

2학년 때. 책도 필요 없는 것, 청계천 헌책방에 책을 몽땅 팔고 얼마 안 되는 돈으로 빵 사먹으니 그만이다. 빈 가방에 도시락 한 개만 들어 있다. 우선 가벼워서 좋고 신경 안 써서 좋다. 오로지 자나깨나 운동이다.

꿈속에서도 운동을 한다. 잠자다 깜짝깜짝 놀라는 습관이 운동선수들에게는 조금씩 있다.

미련한 머리도 돌리면 돌아간다
머리의 뇌 세포는 같은 것이니까.

34. 손가락 병신

　2학년 2학기 때부터 대표 선수 합동훈련을 했다. 고등학생 5명과 대학교 형들 7~8명이다. 훈련비로 150원 정도를 받은 것 같다. 돈가스 사먹고 극장 구경하고 당구 치고 버스 타면 딱 맞는 금액이었다.
　고기 못 먹다 돈가스 먹으니 힘나고, 수업시간 빼먹으니 힘나고, 극장 가고 당구 치니 신나는 일이다. 64년 동경올림픽 대회 준비훈련이다. 체조는 비인기 종목이라 국제 대회에 참가가 어려웠던 때이다.
　훈련 도중 선발 대회 일주일 전에 중학생도 할 수 있는 별것도 아닌 기술을 하다가 손으로 땅을 살짝 짚었는데 손가락 8개가 몽땅 부러지고 탈골되면서 삽시간에 문둥이 손같이 되었다.
　접골원에 가서 맞추고 치료하길 6개월, 양손이 병신같이 되어서 밥을 먹을 때, 세면을 할 때, 화장실 갈 때 모두가 불편한 것은 말로 다 할 수가 없다. 무엇보다 큰 문제는 손가락이 잘 움직이지 않고 손가락 마디마다 모래를 한 움큼 쥐고 있는 것 같이 따끔따끔하여 구부리지 못하고 주먹을 쥘 수 없기 때문에 운동이 어려운 것이다.
　한여름인데도 찬물로 세수를 못한다. 손이 시려워서 못하는 것이다. 손의 온도에 알맞게 물을 데워서 세수를 하면 손은 미지근하고 시원한데 멋모르고 물을 얼굴에 갖다 대면 얼굴이 델

정도로 뜨거워 놀라기를 반복했다.

　2학년 말이니 가장 중요한 때이다. 공부도 할 수 없고 운동을 계속할 수 있을지 의문이고 운동을 한다고 한들 성적이 좋을지 미지수이다.

　그때는 살고 싶은 마음이 없어 죽으려고 마음을 먹었다. 그런데 사춘기라 그런 것인지 연애 한 번 못해 보고 죽는 것이 억울하고, 또 이 세상에 가장 궁금한 것이 여자이다. 나는 학교에서 키가 작은 편이다. 키 크고 덩치 큰 놈들, 힘은 나보다 없지만 담배 피우고 어쩌다 술도 마시며 사창가에서 연애 경험도 있는 애들이다.

　그놈들을 부추겨 돈은 내가 대고 처음으로 한 번 가 보았다. 정말로 겁나고 떨렸다. 옷을 벗으란다. 내가 상의를 벗으니까, 상의는 벗지 말고 아래 바지만 벗으란다.

　나는 아래 바지만 벗고 구석에서 떨고 섰다. 그 여자 옷은 입은 채 아랫도리만 훌랑 벗고 누워서 가랑이 쩍 벌리고 올라오란다. 여자 가운데는 어떻게 생겼는지 궁금하다. 겁(劫)을 살아오며 수 없는 경험도 했을 텐데, 호기심을 못 버리니 멍청하기가 굼벵이 같다.

　그러니 철없는 어린 시절 얼마나 궁금했을까? 그곳을 쳐다보며 한쪽 구석에 서서 떨고 있으니 고추가 오그라질 대로 오그라졌다.

　그 여자 일어나 고추를 쥐고 주물럭댄다. 해보지도 못하고 물이 나온다. 그리고 재미도 없이 그 곳에서 나왔다. 후회막급이다. 본전 생각이 간절하다.

그 친구 나오며 침을 퉤! 하고 뱉는다. 나는 영문도 모르고 "야! 너 침은 왜 뱉냐?" 그 친구 하는 말이 "키스를 했더니 더러워서, 에이, 퉤!" 이상한 놈이다.

더러운 것을 무엇 하러 했냐? 그 후 죽지 못하고 매일 침을 맞으며 뜨거운 물로 습포를 하고 열심히, 정말 열심히 치료하며 가능한 종목만을 골라 열심히 운동을 계속했다.

손은 겨우 철봉을 쥘 정도로 구부러졌다. 3학년이 되어 전국체육대회에서 우승을 했고 선수권대회에서도 우승을 했다.

할 이야기야 태산 같지
그냥 입 다물고 있는 것.

35. 졸업식

나에게 큰 고민이 있었다. 우리 아버님은 이미 72세가 넘으셨다. 고등학교 졸업만 하면 장가보낸다고 벼르고 계셨다. 며느리 손에 따뜻한 밥 얻어 잡숫고 손자 보는 것이 최고의 꿈이다. 나는 홍역기침 때문에 항상 머리가 멍하며 멍하다. 대학 같은 것은 신경도 쓰지 않고 그냥 운동이 좋으니까 하는 것이지 무슨 장래가 있어서 하는 것은 아니다. 되는 대로 미련하게 살아가는 것이다.

3학년 2반, 내가 졸업한 반이다. 졸업식 날 다른 아이들은 친척·친지들이 찾아와 축하를 하고 사진 찍고 야단이다. 나는 시골의 노인들이 올라오신다는 것을 극구 만류하고 운동부 선배들과 후배들이 축하해 주는 꽃다발을 받았다.

여기까지는 좋았는데, 아무래도 이상한 것이 있다. 통지표를 받았는데, 석차 365/365라는 글이 있었다. 내가 아는 석이라는 것은 돌 석자뿐이니, 석차의 뜻을 알 리가 없다. 일년이 365일이니까, 365일 간 학교에 빠지지 않고 매일 나왔다는 뜻으로 알고 있었다.

사실이 그렇다. 나는 365일 하루도 학교에 빠진 적이 없다. 방학도 없고 일요일도 없다. 매일 가는 것이다. 놀아도 학교에서 놀았으니까. 그래서 코치 형에게, "형! 나 개근상 안 주는데, 왜 여기에 365일 학교에 나왔다고 하는거요?" 코치 형이 보고

몽둥이를 갖고 와 엎드리라는 것이다.

나는 영문도 모르고 엎드렸다. 빳따를 치며, "야! 이 새끼야, 너 꼴찌야. 365등이란 말야. 그럼 왜 석차야? 등수라고 해야지. 씨—." 나는 뒤통수를 긁으며 멋쩍어 웃고는 홧김에 영등포 시장에 가서 친구들과 못 하는 술을 퍼 마셨다.

이튿날 깨어보니 경찰서이고 생활주임 선생님이 나를 인계해 갔다. 나는 그 후로 괴짜로 통한다.

그때 시골로 내려가 장가를 갔으면
일찍 손자 보고 저승으로 갔겠지.

36. 대학진학

　대학은 신경도 쓰지 않고 있었다. 아버지가 장가보낸다고 벼르고 있는데, 담임 선생님이 도장하고 호적초본 등을 갖고 오란다. 담임이 갖고 오라니까, 그냥 갖다준 것뿐이다.
　담임 선생님께서 "야! 너 경희대학교에 며칠까지 가. 알았지?" "네." 이것으로 나는 대학에 입학한 것이다. 무시험 특기장학생이다. 경희대학교 체육학과 교수님들은 다 알고 있는 터라 졸업도 하기 전에 그곳에서 계속 운동을 하고 있었다.
　입학식을 끝내고 오리엔테이션 시간에 관장님과 학장님의 훈시가 있었다. 다짜고짜 "야, 이 새끼들아! 고개 들어 좌우 옆을 봐!" 정말 무섭다.
　모두가 숨을 죽이고 고개를 좌우로 돌린다. 내가 보니 모두가 덩치가 남산만큼 큰 놈들이다. 모두가 내놓으라는 선수들이다. 개중에는 많은 청강생도 있다. 그들은 대단한 주먹들이다.
　"야! 너희들 고등학교에서는 공부 못해도 특기생으로 봐 주었지만 여기서는 국물도 없어. 여기는 모두가 특기생이야, 체육과 교수님들만 가르친다면 어떻게든 졸업을 시키겠지만, 문리대 교수·법대 교수·의대 교수·각 대학에서 오시기 때문에 학점을 못 따면 학점 딸 때까지 6년이고 10년이고 다녀야 하는 것이야. 알았어? 이 새끼들아!"
　교양과목 책을 받았다. 대학국어·문화사·인체생리학·해

부학·체육의학·대학영어 등 고등학교 때 듣도 보지도 못한 내용들이다. 책을 펴보니,

'體育醫學은 人體生理를 基本으로 運動力學을' 내가 아는 글이라고는 은·를·으로·을 뿐이다. 나는 귀가 엷고 남의 이야기를 거의 거르지 않고 100% 듣는 편이다. 정말 큰일났다.

막상 대학에 들어가 보니 편하기가 이루 말할 수 없다. 고등학교 때 2시간 걸려 등교 하던 것이 용두동에서 20분이면 학교에 갈 수 있고, 등교 시간도 9시 어떤 때는 10시에 가도 된다. 집에 귀가하는 것도 7시면 돌아온다. 한 가지 다른 것이 있다면 저녁에 선배들에게 끌려 다니며 막걸리를 마셔야 한다는 것뿐이다.

못 마시는 술을 마시고 토악질을 하면 다음날 학교에서 뺏다. 이유는 버릇이 없다는 것이다. 나중에는 빼갈 10도고리를 마시는 주량이 되었다.

집에 일찍 돌아오면 잠이 안 온다. 너무 편해진 것이다. 노이로제가 이것이다. 그런데 책만 쥐면 졸립다. 그러니 공부는 담 넘어간 것으로 큰 일이다. 궁리 끝에 만화를 보기로 했다. 무조건 하루에 세 시간씩.

나중에는 소설을 보았다. 삼국지를 몇 번 읽었다. 좀 수준 있는 철학 서적은 금방 졸았다. 책을 보려면 한문을 모르고는 안 되겠기에 천자 공부를 하기로 작정, 6개월만에 모두 외웠다.

그런데 이게 웬일인가? 모든 이치가 한 번에 들어오는 것이다. 대인 공포증이 있을 정도로 남 앞에서 이야기하는 것이 싫

던 내가, 나도 모르게 말이 술술 나온다. 모두가 놀랜다. 특히 교수님들. 천자 도통이다.

    무엇이든 한 번만 보면 힘들이지 않고 외워진다. 홍역 기침도 끊어지고 살맛이 난다. 운동은 항상 하는 것, 학교에 들어가자마자 1학년부터 4학년까지 학교 대표 선발대회를 한다. 나는 그때 1학년으로 대표선수 6명 선발에 1학년에서는 단 1명, 베스트 5위에 입선, 계속 대표선수로 있었다. 경희대학교에서 1위면 전국에서 1위요 10위면 전국에서 10위이다. 모든 대표선수가 이곳으로 몰렸으니까.

    마음이 안정되면 몸이 편안하고
    몸이 건강하면 마음이 영명하다.
    무식(無識)한 놈이 도통(道通)한다.
    일자무식이 천자 도통도 하는 것.

37. 기문둔갑(奇門遁甲)

　기문둔갑의 연원(淵源)은 저 옛날 멀리 중국의 복희 · 신농 황제 시대 때 치우(蚩尤)와의 전쟁에서 시작된다. 그 후 문왕 때 강태공, 진나라를 멸망시키고 한나라 유방을 도와 천하통일을 한 장자방, 유비 · 관우 · 장비를 도운 제갈공명, 명나라의 유백온, 우리나라의 서경덕(화담) 선생 · 이토정(지암) · 율곡(이이) 선생 등 많은 기인 달사들이 기문(奇門)을 잘한 것으로 알려졌다.
　내가 어렸을 때 아버지는 가끔 옛날 이야기를 해 주신다. 특히 제갈공명에 대한 이야기이다. 제갈공명이 둔갑술을 했다는 것이다. 하여간 둔갑이 무엇인지도 모르고 하시는 말씀이며 나는 영문도 모르고 듣는다.
　이모의 아들이니 나에게는 이종형이다. 그 형이 동양한의대(지금의 경희한의대)를 나와서 한약방을 하는데 기술이 없는지 약과 침술을 가르치는 선생님이 따로 계셨다. 내가 가끔 놀러 가면 할아버지 한 분이 그 형을 가르쳤다.
　그 분의 존함은 송을산이다. 나중에 나의 스승님이 되었지만, 역학 · 의학 · 기문둔갑의 달인이다. 천자를 외우고, 명심보감도 외우고, 그런 대로 한문에 조금 취미를 붙였을 때다.
　기문은 역학 중에 가장 어려운 학문이다. 천문 · 지리 · 인사 · 물가 모든 것이 다 들어 있다. 대학 3학년 때부터 기문과 육효(六爻)를 배웠다. 나와 같이 배우는 사람들이 10여 명 있었는데,

모두 나이가 40~50대 이상이다.

　외우는 것이 많아 4·50 넘은 아저씨들은 매일 야단 맞는다. 나는 매일 칭찬 받고, 그때는 기문을 제대로 하는 사람이 전국에서 3~4명뿐이 없었다고 한다.

　역학 전체가 주역(周易)을 바탕으로 하지만 특히 육효는 주역이 기본 골격이다. 육효를 배우려면 주역은 자연히 배우는 것이다. 주역의 건곤(乾坤)장과 계사(繫辭)는 달달 외웠다. 나는 외우는 선수이니까.

　기문둔갑은 연파조수가(煙波釣叟歌), 육효는 천금부(千金賻)를 외우면 배우기 쉽다. 얼마나 달달 외웠던지 배운지는 35년이 지나고 써먹지 않은지는 20년이 지난 지금도 혓바닥이 달달 돌아간다. 그 당시 일기예보를 기상청보다 잘 보았다고 생각한다. 몇 달 며칠 후의 일을 보는 전략을 세우는 병법이 기문이다.

　풍수지리도 기문을 모르면 잘하기가 어려운 것이다. 모든 택일이 기문에서 나온 것이다. 지금도 택일은 잘한다는 남들의 이야기.

　육효를 잘하면 귀신의 움직임을 알 수 있다. 하루는 어느 아주머니가 새벽에 울면서 왔다. 자기 아들이 고등학교 2학년인데 오늘 병원에서 대 수술을 한다는 것이다.

　나는 바로 육효와 기문을 보았다. 수술할 필요가 없다. 수술하면 오히려 나쁘니까. 귀신병이 수술한다고 낫겠는가? 나는 바로 처방을 해 주고 퇴원하라고 했다.

　아주머니가 나중에 찾아와 하는 말이 병원에 가니까 의식이 없던 아이가 배고프다고 음식을 먹고 있다는 것이다. 그래서 퇴원시켰다고 감사하단다.

　음양의 이치를 요달하면 천지가
　손바닥 가운데서 돌아간다.
　움직이고 고요하고 음과 양이
　뒤섞여도 모두가 한 가지 이치에 있다.

38. 수련

나는 포병연대 대대본부의 운전병이다. 가끔 부식을 싣고 다니는 것 이외에 특별한 일이 없다. 더구나 고참이니까. 병장도 일찍 달았고, 대대에는 통신부가 있다. 통신부에 차량이 배속되어 있는데 이 차량을 수송부에서 관리한다.

무선을 치려면 고출력이어야 하기 때문에 자동차 시동을 걸어 놔야 한다. 하루에 3번은 꼭 무선 교신을 한다. 쓰쓰 똔 똔 하는 것이다. 길 때는 한 시간 정도, 짧을 때는 10분 정도 하는 것 같다.

나는 그때 시동을 걸어 놓고 운전대에 앉아 명상과 호흡 수련을 했다. 매일 정기적으로 하는 수련은 제대하는 날까지 이어졌다.

자동차 세차를 하려면 냇가나 우물가에서 해야 한다. 그 곳에 물이 많이 솟는 먹지 않는 우물이 있다. 한 키 정도 된다. 고참 때 나는 저녁마다 그곳에 갔다. 발가벗고 물속에 들어가 기지개 수련을 하는 것이다.

겨울에는 물이 얼지 않아 좋다. 영하의 차디찬 날씨인데 물속은 견딜 만하다. 물과 공기가 맞닿은 목은 면도칼로 베어내는 듯한 통증이다. 손가락도 씻은 듯이 낳았다. 이것이 나의 인생을 바꾸어 놓은 동기가 된 것이다.

여러 가지 호흡의 비법을 터득하게 되고 선생님에게 배운 수련의 묘를 실천할 기회가 주어진 것이다. 참으로 공부할 운이 있는 것인가 보다.

군대에서 보초 서기가 제일 싫은 시간이 밤 11시에서 1시 사이다. 11시 교대는 10시에 취침을 하면 잠이 깊이 들만할 때 임무 교대를 하기에 2시간의 수면이 부족하게 된다. 새벽 4시부터 5시 밖에서 영하의 추위 속에 언 몸으로 내무반에 들어오면 금방 잠이 안 온다. 6시에 기상이니 몸 녹아 졸음이 오려고 할 때 기상이다.

병장이면 보초나 불침번을 안 한다. 열외로 봐주는 것이다. 나는 졸병 대신 일부러 11~12시 보초를 서준다. 졸병이야 좋다고 하지만, 이유는 간단하다. 수련을 하기 위한 것이니까.

기문에는 축지법을 하는 방법이 있다. 구성축지(九星縮地)와 칠성축지(七星縮地)법이다. 구성축지는 구궁으로 발을 옮기며 뛰는 것이요, 칠성축지는 북두칠성을 그려 놓고 뛰는 것이다. 밤에 보초 교대를 하고 12~1시 사이에 몇 번 해 보았다. 그때는 마음법을 모르고, 밖의 경계에 끄달리던 때라 정말로 소름끼치는 두려움을 몇 번 겪고 무서워서 그만 두었다.

지금 생각하면 참으로 어리석은 일이다. 군에 있을 때는 불교를 믿지 않았다. 그런데 불교와는 인연이 있었나 보다. 제주도의 고관사 주지 도암스님은 속명이 김암으로 나와 같이 군대 생활을 했다. 통신부에 근무하며 나보다는 6개월 후임이다. 천안의 성불사 주지였던 진연스님은 통신부로 나보다 6개월 선임이다.

    우주인과 예수를 썼을 때 진연스님께서 많은 도움을 주었다. 참으로 고마운 인연들의 스님이다.

    丙辛 六甲 해 보았는가
    丙丁 戊己 庚辛이 육갑이다.

39. 허리 다치던 날

생식 단식을 하며 운동, 즉 요가 안마도인법(按摩導引法) 기지개(氣智開) 수련 등을 했다. 동의보감의 신(身)·정(精)·기(氣)·신(神) 장은 달달 외울 정도로 깊이 알았다. 방약합편의 약성가도 많이 외우고 있었다.

침은 내 살에 꽂을 정도만 배웠다. 운동을 좋아해서 무더운 여름 우이동의 그린파크 수영장에 친구들과 같이 갔다. 예쁜 아가씨들이 비키니 수영복에 자태를 뽐낸다. 나는 체조를 했기 때문에 다이빙을 조금 한다. 젊은 사람들이 다이빙 대에 올라가 등판과 배로 떨어져 물 튀는 소리가 요란하다. 나는 올라가 공중회전 잭나이프를 멋있게 했다.

단식과 생식으로 몸에 힘이 없다. 한 번은 잭나이프를 하는데 뱃가죽에 힘이 없어 허리가 뒤로 발랑 넘어 갔다. 물위로 간신히 기어올랐다.

허리에 주먹만한 것이 튀어 오르고 하반신을 움직일 수가 없는 것이다. 이제는 병신이구나, 간신히 친구들과 도장으로 갔다. 나는 호흡을 하며 몸 굽히기를 눈물을 흘리며 매일 했다. 차츰 통증이 가라앉고 몸을 움직이는데 별 어려움이 없게 되었다.

나는 내 몸을 내 스스로 고친 것이다. 손가락도 그렇고 허리도 그렇다. 30년이 지난 지금도 허리를 만져 보면 밤톨만하게 퉁굴어져 있다. 사람들이 만져 보고 놀란다.

그래서 병을 고치는데는 의사와 다른 어떤 힘이 있다. 병원에서 수술을 해도 어렵다는 다리를 질질 끌고 온 여자도 손 하나 대지 않고 스스로 고치게끔 운동으로 고쳐 주었다.

　호추(戶樞)는 불두(不蠹)요
　유수(流水)는 불부(不腐)라
　열고 닫는 문은 좀 슬지 않고
　흐르는 물은 썩지 않는다.

40. 卍의 위대한 힘(卍心)

　불교 발생 후 卍에 대하여 인류 최초로 해설한 책이며, 임상 실험한 책이다. 과학적·철학적·합리적·논리적으로 卍을 해설한 신심 나는 최초의 책이다.
　卍의 원리는 우주 원리이다. 卍 속에는 엄청난 힘이 있으며 모든 물질을 회생시키는 힘이 있다.
　한국과학기술연구원(키스트)에서 키들리안이라는 기를 찍는 사진으로 실험을 했다. 卍은 수맥·음맥 등을 차단하는 뛰어난 힘이 있으며, 영적인 힘도 대단하다.
　다음은 만에 대한 시(詩)다.

　卍의 위대함

　천지가 생기기 전의 모습이며
　천지가 생성되는 모습이며
　천지가 멸하는 모습이며
　천지가 멸한 후의 모습이며
　모든 윤회의 모습이며
　존재 실상의 모습이기도 한,
　卍의 위대함이여,
　모든 생명의 잉태의 모습이며

모든 생명의 생장의 모습이며
모든 생명의 출산의 모습인
卍의 위대함이여,
에너지 결집의 모습이며
에너지 소멸의 모습이며
생로병사의 모습이며
성주괴공의 모습이다.
모양 없는 마음의 실체를
모양 없는 영혼의 실체를
모양 없는 모양으로 표시한
卍의 위대함이여!

다이아몬드가 금강석인줄 모르는군
금강석보다 더 단단한 것이 있지
원래대로 돌아가는구나
해가 서산에 지니 달이 동쪽에서 뜬다.

※ 독자의 관심을 위하여 다음 제목은 〈히틀러가 귀의한 卍〉으로 재판할 예정이다.

41. ≪효경≫과 ≪부모은중경≫

학교에서 수업이 끝날 무렵 손님이 찾아왔다. 천안에서 왔다는 것이다. '효사상 연구회' 세종대왕의 형인 효령대군이 사경 복사한 ≪부모은중 장수태골합부경≫을 발간한 단체란다.

책을 좀 본다고 자부하던 내가 처음 듣는 이야기다. 보지도 듣지도 못하던 ≪부모은중 장수태골합부경≫ 나중에 이 분들이 주어서 읽어보았지만 그 속에는 잉태하여 절대 유산을 하면 안 된다는 내용이 있다.

이 분이 찾아온 이유는 충남 천안에 있는 학생체육관에서 ≪효경≫과 ≪부모은중경≫에 대한 강연을 해 달라는 것이다. 나는 효자도 아니고 대학자도 아니므로 못한다고 정중히 사양했다.

이 분이 하시는 말씀은 이렇다. ≪효경≫과 ≪부모은중경≫을 번역·해설한 책이 50권이 넘는데 그 중에 내가 쓴 책이 제일이고 나머지는 버려야 한다는 것이다. 50여 명의 유명한 박사 교수들이 쓴 책 중에 내가 쓴 것만이 쓸 수 있다는 이야기다.

한편으로 생각하니 기분이 괜찮은 말이다. 그래서 할 수 없이 천안 학생체육관에서 강연을 했다. 갓 쓴 유생 할아버지들, 스님·목사 등 다양한 사람들이 왔다.

내 강의는 힐난한 편이다. '조선이 망한 것은 ≪효경≫이 원인이며, 사색당쟁이 ≪효경≫에서 비롯되었으며, 공자는 성인이 아니고 봉건주의자이며, 엄밀히 말하면 철학자도 안 되는 봉건정치 구걸생으로 평생을 보낸 사람이며, 남존여비 사상의 원조이며, 계급사회의 주창자'라고 1시간동안 조목조목 설명을 했다.

근자에 돌인지 도올인지 하는 사람이 ≪논어≫를 강의한 모양인데 ≪논어≫를 잘 보면 공자는 성인이 아니라, 속인이라는 것을 한 번에 알 수 있다.

정치구걸을 하다가 만년에 뜻을 못 이루고 늙어서 고향으로 돌아와 여생을 보내는 욕망을 못 버린 속인이다. 불교를 몇 십년 공부해도 어렵다는 것을 나는 불교에 입문한지 6개월이 안 되어 ≪우주인과 예수≫를 쓰기 전에 불교 포교용 책인 ≪종교비교 수첩≫ ≪절·염불·사리≫ 등의 책을 썼다.

365등의 돌대가리가 참으로 이상하지 않는가?

참다운 성인은 만 생명이 평등함을 안다.
만 생명은 고사하고 인간평등도
모른다면 어찌 성인이라 할까!

42. 불꽃 속의 명당

이 책은 화장의 열 가지 이로운 점과 매장의 열 가지 나쁜 점을 쓴 책이다. 이 책은 죽음 뒤에 영혼의 작용과 천도의 쉽고 어려운 점을 화장을 통하여 쉽게 할 수 있는 원리를 설명한 책이다.

조선의 역대 왕릉은 풍수지리학적으로 모두 명당이다. 그러나 조선 왕조의 후손들은 어찌 되었는가? 절손(絶孫)과 골육상잔으로 피를 뿌리는 피의 역사였지 않은가. 그래서 묘지에는 명당이 없다는 것이다.

묘지에는 명당이 없다는 것을 과학적으로 조목조목 도식화하여 설명하였다. 필자가 쓴 책에는 모두 기(氣)가 나온다. 표지에 기(氣)가 나오게끔 법계 만성 길상도를 그려 놨다.

이 책의 겉 표지에는 수맥과 음맥을 차단하는 힘이 있다. 그리고 책 위에 커피·담배·술 등을 올려놓으면 순해지고 화장품은 윤기가 더 좋다.

홍역 기침으로 목소리가 나빠 노래 부르는 회식장의 모임이라면 도망을 다녔고, 노래를 시키지 않는다는 조건으로 참석했을 때, 나를 노래시키는 사람은 그 날로 나와는 원수이다. 염불을 오래하다 보니 목이 트인 것인지, 이제는 그냥 그런 대로 노래도 한다.

지금은 목소리에 기가 나와 힘이 있다.

불꽃 가지마다 피어난 신령한 구슬
대천세계의 광명을 머금고 자유롭다.

※ 이미 쓰여져 있는 묘를 어찌할 것인가? 이 책의 앞뒤 표지에 있는 길상도
로 묘에 진(陣)을 치면 천도되지 못한 영혼이 편안히 영면할 수 있다.

43. 우주인과 예수

1980년 4월에 출간했던 책이다. 기독교 ≪성경≫은 〈구약〉 39편과 〈신약〉 27편으로 도합 66편의 편지 형식의 글들과 목격 기록서의 이스라엘 역사서이다.

구약과 신약은 한마디로 요약하면 미개한 시대에 적어도 6천 년 전에 외계의 문명을 보고 하나님이라고 한 역사적 사실서이다. 기독교에서 말하는 하나님인 여호와는 잔인한 외계인이다. 왜냐하면 무수히 많은 사람을 하나님인 여호와와 천사인 가브리엘이 직접 죽인다.

만유의 창시자인 조물주라는 하나님이 사람을 죽일 리 없고 벌할 리가 있겠는가? 그러나 여호와는 그냥 죽이는 것이 아니라 진노하여 잔인하게 죽인다.

우리나라에서 최초로 여호와가 우주인이라는 것을 성경 전체를 통하여 사실적으로 확실하게 적나라하게 밝힌 책이며, 인류의 조상이라는 아담과 하와에서 예수까지의 족보도 최초로 밝힌 책이다.

오랜 세월이 흐른 부시맨의 후손들은
그의 조상이 하나님을 만났다고 하겠지
기독교인을 보면 꼭 현대판 부시맨을
보는 것과 같아 웃음이 절로 난다.

44. 무엇을 찾는가

　어둠이 채 가시기 전 달은 자취를 감추고 별은 안개에 묻혀 존재를 잃고 아직도 날이 밝기에는 어둠이 너무 깊은 새벽이다. 그런데 두런두런 먼 듯 가까운 듯 인기척이 들리며 산사의 골짜기를 타고 숨 가쁘게 오르는 사람들이 있다. 날이 밝아 정상에 올라보니 사진 찍는 사람들이다.
　우리는 늘 보이는 경관이건만 무엇을 간직하기 위하여 그렇게 오는지 새로운 경계를 찾는 일은 끝이 없는 것이다.

　더듬으면 한이 없다
　눈 뜨고 보아라.

45. 구더기 · 새 · 개

구더기

야! 구더기야, 너는 누가 만들었니? 그리고 너는 어째서 똥에서 사니. 만들긴 누가 만들어, 내 좋아하는 습관대로 태어난 거야. 나는 똥이 있으면 그대로 생겨, 나는 옛적에 생활이 지저분했거든 또 생각도 똥같이 저질스러웠어. 그래서 똥이 있으면 나는 태어나고 이곳이 좋을 수밖에 없단다.

새

야! 새야, 너는 어떻게 하늘을 자유롭게 나니? 응, 나는 옛적부터 나는 생각을 많이 했고, 명예욕과 허풍을 좋아해서 과장되게 거짓말도 했거든, 그래서 말을 못하고 날개로 날기만 하는 거야.

개

야! 너는 어떻게 짖어 대는 개가 되었니. 하느님이 너를 개로 만들 때 아냐, 내가 좋아서 그런 거야. 야! 개가 뭐가 좋으냐, 개가 되었다는 것을 알았을 땐 개가 싫었지만 어쩔 수 없어. 지난 세상에 나는 남의 것을 훔치는 버릇이 있었거든, 그리고 음욕으로 가득했거든, 그래서 내 생각 속에는 늘 지켜야 한다는 생각과 음욕이 꽉 차 있었어. 그 의식(생각) 때문에 개가 된 거야. 이 깊은 의식이 없어지면 다른 취미대로 태어날 거야. 모두가 취미대로 사는 것이거든, 취미(趣味)를 잘 가져!
　알았지, 맹추야.

　너 좋아서 하는 일 누가 말려.
　똥으로 장 담그고
　오줌으로 간장 담근들 누가 뭐래.

46. 중생(衆生)

무엇이 중생이니? 몰려다니는 것이 중생이야. 무얼 몰려다녀? 좋은 일은 생색내고 나쁜 일은 몰래 숨어서 하지. 그렇지 않은 사람이 어디 있니? 그러니까 중생이지. 내가 하기 좋은 일은 남도 하기 좋은 것이고 내가 하기 싫은 일은 남도 하기 싫은 것이거든 싫은 것은 남에게 맡기고 좋은 것은 내가 먼저 하지 그래서 중생이야.

나쁜 일은 몰래 숨어서 하고 들키면 오리발 내놓지. 별로 좋지도 않은 일을 해 놓고 사진 찍고 자랑하느라 난리지. 좋은 일 남이 하면 배아파 못 배기거든 나라가 망해도 저 놈하고는 반대로 해야지 그래서 나는 국회의원(鞠會蟻猿)이야.

놀부 심보 삶아먹고 의사당에
권총 차고 원숭이 사냥 가네.

47. 숨이 차다

깊숙한 농촌 마을,
깊숙한 산골 마을,
멀리 있는 해안 마을 그 어디를 가도 교회는 이웃하여 있다. 산사(山寺)의 깊숙한 골짜기까지 굽이쳐 울려 오르는 차인 벨 소리.

바로 산사의 턱밑에 있는 교회의 종소리이다. 정말로 숨이 가쁘다. 매연을 마신 것도 아니고 물에 빠진 것도 아닌데 숨을 쉬기가 힘들다. 턱밑 목까지 차 오른 저 아수라들의 울부짖음에 가슴 답답하여 언제 숨이 끊어질지 목울대만 깔딱일 뿐, 무엇을 생각하느냐.

심장이 터지도록 달리고 달려
누워 있으면 질식해 죽는다.

48. 모르면 약인가

너는 누구니.
몰라.
왜 모르니.
하느님만 아시니까. 왜 하느님만 아는데. 하느님이 창조했으니까. 왜 창조했니. 몰라.
모르면서 왜 믿니. 모르니까 믿지.
믿으면 어떤데. 천당 가니까.
천당이 어디 있는데. 몰라. 자꾸 따지지마.
무조건 믿어. 대통령도 믿고, 장관도 믿고, 국회의원도 믿고, 박사도 믿고, 교수도 믿고, 탤런트도 믿어. 이 바보야, 다 유명한 사람들이야.
너보다는 다 잘난 사람들이야?
옳거니! 백 번 지당한 말씀?

닭 모가지 비틀 때 내는
소리 들어 보았느냐.

49. 방편(方便)

방편이 무엇인가? 사용하기 편리한 방법이다. 아무리 좋은 것이라도 사용하기가 불편하면 좋은 방법이 안 된다. 아무리 교리가 좋아도 방편이 나쁘면 포용력이 없고, 아무리 교리가 나빠도 방편이 좋으면 포용력이 많다.

불교는 교리는 좋으나 가르치는 사람들의 방편이 좋지 않고, 기독교는 교리는 좋지 않으나 가르치는 사람들의 방편이 좋다.

교리도 좋고 방편이 좋으면 금상첨화(錦上添花)요, 교리가 나쁘고 방편이 나쁘면 설상가상(雪上加霜)이다. 지금 우리 세대에는 금상첨화가 없다,

그러니 중생을 제도하기가 얼마나 어려운 일인가?

얼굴에 분 바르고 연지 찍고
가마 타고 시집가던 날
등판에 종기 났네.

50. 방생(放生)

　방생은 죽어 가는 생명을 살리는 일이다. 방생에 대한 방송을 들으면 부끄럽다. 정말로 자비심에서 가련한 생명을 살리기 위하여 그대들은 방생하는가?
　아니면 액땜하고 재수 좋고 복받고 수명이 길어진다고 하니 하는가? 양심껏 이야기 해 보라! 자비심에서 방생을 한다면 안 하는 것이 더욱 자비롭고, 복받을 일이 있다고 한다면 아예 안 하는 것이 더 복 받는다.
　물고기·자라 몇 마리 살려 준다고 돈 몇 푼 내고 강가나 바닷가에서 오염을 시키며 건강하게 잘살겠다고 하는 일이라면 몇 백 몇 천이 아니라 전 재산을 바쳐 몇 억 마리라도 살리겠다.
　살생(殺生)에는 다섯 가지가 있다.
　1. 직접 스스로 죽이는 것. 자살(自殺)
　2. 남을 시켜 죽이는 것. 교인살(敎人殺)
　3. 죽이는 원인이 되는 것. 인연살(因緣殺)
　4. 죽이는 도구를 만드는 것. 방편살(方便殺)
　5. 저주해서 죽이는 것. 주살(呪殺)
　어리석은 사람의 방생은 더 큰 살생이요, 지혜로운 이의 살생은 더 큰 방생이 된다. 옛날 유수장자는 마른 연못에 물을 대주고, 허진군은 사냥을 못하게 활을 꺾고, 그물을 모두 버렸다.
　흥부도 제비 다리 고쳐 주고, 놀부도 제비 다리 고쳐 주었다.

원인이 어떻든 고치는 장면은 같다. 그리고 박씨도 똑같이 받았다. 동기와 결과는 하늘과 땅 사이로 다른 것이다. 방생하고 돌아올 때 불의의 사고가 났다면 무엇인가 잘못된 일이요, 신계(神界)에서 벌을 내렸음을 알아야 한다.

물고기 장사가 잡아오면 돈주고 사서 놔주면 그 밑에서 잡아다 또 판다. 한 술 더 뜨는 사람이 있다. 방생하고 돌아오며 매운탕에 한잔 걸친다. 지금의 방생은 환경오염에 생태계 파괴 등, 더욱 큰 다섯 가지 살생을 하면서 복 받겠다고 죄라는 죄는 모두 짊어지고 방생을 한단다.

참으로 웃기는 이야기이고 한 술 더 뜨는 놈들이 있다. 방생을 부추기는 땡초들! 참다운 방생은 환경 정화요, 빗자루 들고 동네 길이라도 쓰는 것이 진짜 방생이다.

민물고기 바다에 놓아주고
바다고기 민물에 놓아주었다.
흥부도 제비 다리 고쳐주고
놀부도 제비 다리 고쳐주었다.
흥부와 놀부 똑같이 박씨 받았다.

51. 오산선원

늦게 머리를 깎고 이 절 저 절로 기도와 행각을 다니며 많은 곡절도 있었다. 여러 군데에서 오라는 청도 있었지만 인연이 안 되는 경우가 많다.

오산선원은 송광사 구산스님의 상좌로 있던 광선(光鮮)스님이 커다란 원력으로 세운 포교당이다. 건평 260평 포교당치고는 맘모스이다. 스님과는 근 30년 지기이다.

오산(烏山)은 까마귀 산이다. 까마귀는 태양을 뜻하며 금오(金烏)라고도 부른다. 태양은 광명으로 무량수를 의미한다. 곧 극락세계의 빛나는 광명이 태양광이다. 오산은 바로 극락세계의 아미타부처님이 계시는 곳이다. 이곳에 오산선원을 세워 청동 아미타부처님을 모시고 있다. 소승은 전생의 인연으로 광선스님이 원장을 맡아달라는 부탁을 한다. 포교의 원력이 같기에 불교 포교에 전념하기로 했다.

이인동심(二人同心)에 기리단금(其利斷金)
두 사람 마음이 같으니 금이 두 쪽 났다.

잘못된 길

1. 종교는 필요한가

인류에게 과연 서구적인 종교가 필요한가? 동서를 막론하고 종교의 궁극적 목적은 구원에 있다고들 한다. 그러면 구원은 무엇인가?

독선(獨善)과 전쟁인가! 살인·약탈·방화·테러인가, 어떠한 명분이든 살생과 전쟁을 서슴없이 했었다면 이것은 종교가 아니오. 구원이 아니오. 인류에게 있어서는 안 될 불행의 씨앗이다.

인류의 가장 큰 불행은 잘못된 종교의 출현이다. 미신적인 종교가 없었다면 끈질긴 전쟁은 없었을 것이다. 잠시도 쉬지 않고 이어온 살생과 전쟁은 1,500여 년 간을 이어왔고 지금도 중동에서는 증오의 불길을 쉬지 않고 뿜어내고 있다.

사랑도 증오의 구실이요, 믿는 자들끼리의 방패 구실이다. 사랑한다는 말이 송두리째 뽑히기 전에는 지구가 산산이 조각나도 전쟁과 테러는 끊이지 않는다.

싸움 시키는 하느님이 있겠는가. 인간의 아집은 부모의 말을 안 듣는 아이들과 같이 사랑을 내세운 전쟁은 정말 무서운 것이다.

사랑을 위해 암내 맡은 수놈
사랑을 위해 수놈 물어 죽인다.

2. 희한한 일

내가 젊어서 직접 목격한 일이다. 돈암동에서 목욕탕을 하는 친구가 있어서 거의 매일 목욕을 하다시피 했다. 목욕탕이 낡아 별로이다.

하루는 목욕탕에서 어느 부자(父子)가 목욕하고 있었다. 나이 어린아이는 장난치며 놀다가 미끄러져 그만 다리를 다쳤다.

그 아버지 하는 말이 "아이고, 하나님 감사합니다." 참으로 이해 못할 일이다. 그 아버지 하는 말이 하나님이 돌봐 주셔서 이만큼 다치길 다행이라는 것이다.

참으로 희한한 논리가 있는 말이다. 하나님이 돌봐 주지 않았다면 죽었을지도 모른다는 그 아버지의 믿음에 감탄할 뿐이다. 일찍 비명횡사라도 하면 하나님이 천당에 일찍 데려 갔다는 그 갸륵하고 측은한 믿음에, 스님인 나로서는 한편 부럽기도 하고 한편으로는 불교인에게 그런 믿음이 없다는 것이 어떤 때는 서운한 감도 있는 것 같지만 사실은 천만다행한 일이며 정말로 정말로 다행스러운 일이다.

죽어서 가는 길만 정확히 안다면
이미 공부는 마친 셈이다.
좋은 곳에 태어나는데 일찍 못 죽어 한이다.

3. 가장 희한한 일

    1983년 미얀마 아웅산에서 우리나라 경제 부총리 및 장관 · 차관 급 각료 17명이 미얀마의 영웅 아웅산을 기리는 국립묘지에 도열하고 있었다.
    까만 승용차가 도착할 무렵 천지가 갈라지는 굉음과 함께 16명의 시체는 산산이 조각나고 형체를 알아 볼 수 없었다. 그 중에 살아난 단 한 사람이 있었다. 이기백 장군이다.
    부총리를 비롯하여 모두가 기독교를 믿는 믿음이 충실한 장로 집사들이다. 이기백 장군은 독실한 불교 신자이다.
    기독교에서 보면 생사의 여탈권을 갖은 분은 하나님이다. 믿지 않는 것은 마귀로, 이는 살리고 믿음이 충실한 자기의 종을 죽이는 묘한 섭리는 또한 희한한 일이다.
    믿음이 없는 이기백 장군을 살려 놓은 것 중에 가장 큰 이유는 교회에 나갈 기회를 주느라 살려 주었다는 어느 목회자의 하나님다운 답변이다.

    이 묘한 섭리를 너희들이 어찌 알꼬
    신만이 아는 노하우 중의 노하우이다.

4. 더욱 해괴한 일

부산에서 새마을호 열차를 타고 서울로 올라오는 도중에 생긴 일이다. 우연인지는 몰라도 점잖게 차려입은 신사와 동석하게 되었다. 한동안 말없이 그야말로 침묵이 흐르는 여행이다.

몇 번의 헛기침을 오르내리던 옆의 신사는 은근히 불교에 대하여 묻는다. 낌새가 목사인 것 같다. 은근히 기독교를 믿으라고 추태를 놓고 있었다.

그래서 그에게 나는 이렇게 말했다.

"장로인 김영삼 정권 때 다리가 무너지고 비행기가 폭발하고 열차가 곤두박질치고 배가 침몰하는 등, 온갖 사고 중에서도 가장 큰 사고는 삼풍백화점의 붕괴사고이다. 500여 명 이상이 한꺼번에 죽은 생지옥이다. 그 중에 살아난 생명의 영웅이 있다. 최명석・유지환・박승현이다. 이들 3명은 모두 불교인이다. 기독교인이 보기에는 마귀인 이들을 하나님은 또 낮잠 자다가 마귀들은 살리고 자기의 충실한 종을 죽이는 실수를 범했다."

그 신사 얼굴이 붉어지며 한동안 말이 없다가 하는 말이 걸작이다. 하나님 믿을 기회를 주기 위해 살려 준 것이라고. 그리고 슬그머니 자리를 뜨는 뱃심, 역시 대단한 믿음(?)에 그저 감탄할 뿐이다.

생선 싼 종이 비린내 나고
향 싼 종이 향내난다
입이 열 개라도 할 말이 없다.
다같이 묵언(默言) 기도를 하라.

5. 가장 큰 재앙

　지구상에 태어나면서부터 큰 재앙을 가져온 사람이 딱 한 명이 있다. 그 아이가 태어난 것 때문에 베들레헴에서는 2살 미만의 사내아이가 모두 억울하게 죽었다.
　이유는 간단하다.
　그 아이를 죽이기 위해서이다. 그 아이는 하나님의 외아들이란다. 하나님의 외아들을 죽이려는 간 큰 사나이는 헤롯대왕이다. 재앙을 가져온 아이가 인류를 구원할 구세주란다.
　인간은 모두 어리석다. 이런 말도 안 되는 황당한 이야기를 간절하게 믿는다. 황당한 이야기일수록 잘 믿는 것이 인간이다.
　정말로 하나님의 아들은 자기 자신들이며 태어날 때 지극한 평안과 행복을 갖고 오는 것이다. 이것이 하나님의 아들이다.

　야, 누가 그런 때 태어나라고 했냐.
　글쎄, 나도 그때 아이들을 만들지
　말았어야 할건데, 미안 미안하다.

6. 제일 간 큰 사나이

온 우주에서 간이 제일 크고 하나님도 벌주지 못하는 뱃심 큰 사나이가 있다. 이 사나이는 하나님의 외아들을 죽이기 위하여 2살 미만의 사내아이를 다 죽이고 인류의 구세주이며 하나님의 외아들을 십자가에 못박아 죽이는 끔찍한 일을 저질렀다.

그리고 하나님 외아들의 제자들도 한 명도 남기지 않고 모조리 십자가에 거꾸로 매달아 죽였다. 그런데도 이 사나이의 간이 얼마나 크고 담도 큰지 하나님은 가만히 구경만 하고 있었다.

왜냐하면 인류의 죄를 대신하여 죽는 자기 외아들의 거룩한 모습이 보기 좋았던 모양이다.

그러나 이 사나이를 벌하지 못하는 가장 큰 이유는 외아들이 죽음으로써 다시 부활할 수 있는 기회의 동기를 부여시킨 사나이의 공을 높이 평가하지 않을 수 없어 벌을 못한다는 것이 전지전능자의 지론이다.

여봐라, 너희들이 하나님의 심오한 섭리를 어떻게 알겠다는 것이냐!

IQ 50 이하와 300 이상이 믿고
IQ 90에서 200 사이는 못 믿는다.
호랑이 담배 피던 시절이 있었지?

잘못된 길

7. 마귀를 믿는 사람들

세상에는 별의별 종교가 다 있다. 2차 대전이 한창일 때 기독교 신자가 쏘는 총에 기독교 신자가 쓰러지는 꼴을 본 미국의 오하이오 주에 사는 슬로운 씨는 성경을 읽던 중, 사탄이 사람을 죽인 예는 없고, 하나님인 여호와가 무수히 많은 사람을 죽이고 심판하는 내용을 읽었다.

그러던 중 사탄에게 계시를 받았다.

'나 사탄은 사람을 죽인 예가 없다. 사람을 죽인 것은 하나님인 여호와다. 구원을 받으려면 사탄을 믿어라' 하고 계시를 받았다는 것이다.

사탄을 믿는 사람들이 1만 명이 되었으며 이들 중에는 불치병 환자들이 많았는데 심각하게 믿으니까 병이 치유되는 구원을 얻었다는 것이다.

과연 이들의 병을 치료하고 구원을 준 것은 누구일까. 하나님일까! 사탄일까! 모든 것이 마음이라는 것을 그대들은 확실히 아는가? 간절하면 돌도 움직인다.

독은 독으로 푸는 법
비상도 약이 된다.

8. 하나님의 고민

1999년 제주에서 실제 있었던 일이다. 늦가을 서늘한 바람이 산등성이를 타고 오를 때 사랑에 불타는 두 젊은이가 있었다.

여인은 교회의 열렬한 신자이고, 남자는 여인의 사랑에 빠진 얼치기 교인이다. 남자의 어머니는 절의 신도로서 신심이 좋다. 교회의 연인은 남자에게 너희 어머니 때문에 결혼 못 한다는 것이다.

이 말에 남자는 염주를 굴리는 어머니의 뒤통수를 망치로 쳐서 그 자리에서 즉사시켰다.

'믿지 않는 자는 죽여라.' '네 부모를 공경하라'고 가르친 여호와 하나님은 큰 고민에 빠지고 염라대왕은 보낼 지옥이 없어 전전긍긍하며 진땀을 뺏고 부처님은 눈물을 흘렸다.

살모사는 어미를 죽이고 태어난다.
사랑을 위해 어미를 죽이니 살모사만도 못하구나.

9. 빈 라덴과 탈레반

위대한 전사 오사마 빈 라덴, 용감한 전사 탈레반. 여호와 하나님의 이름을 빛내기 위해 자식도 부모도 죽이는데 너희 두 용사는 나 '알라' 하나님을 위하여 훌륭한 일을 했도다.

너희는 가장 희한한 전쟁, 너희는 가장 요상한 전쟁, 너희는 가장 지독한 전쟁을 성스러운 전쟁이라고 하니 어찌 나의 충실한 전사가 아니겠느냐!

자식이 부모를 죽이고 자식의 고기를 먹게 하리라는 것보다야 비행기를 추락시키고 지구를 불바다로 만드는 것이 얼마나 관용스러운 일이냐! 나 알라는 여호와보다 인자하니라! 알겠느냐!

똥 묻은 개나 똥독에 빠진 개의
냄새는 똑같이 구린내 나는 것.

10. 오, 하나님!

"참새 한 마리라도 하나님께서 허락하지 않으면 땅에 떨어지지 않고 하나님께서는 너희 머리카락까지도 다 세어 두셨다."고 했습니다.

하나님의 허락 없이는 우리 중생들은 아무것도 할 수가 없습니다. 제발 자식 고기 좀 잡숫지 마시고, 제발 믿지 않는다고 부모를 죽이게 하지 마시고, 제발 하나님을 위한 요상한 전쟁, 성전(聖戰)을 멈추게 하소서.

언제쯤 중동의 불꽃놀이를 멈추게 하실는지요. 하나님은 불꽃놀이가 재미있를는지 모르겠지만, 하나님의 요상한 불꽃놀이의 뜻을 모르는 저희들은 정말 지옥보다도 더 괴롭습니다.

하나님이 보기에 좋은 불꽃놀이 좀 제발 멈춰주세요. 부탁합니다. 아멘.

죽지 않으면 싸우는 것만큼 신나는 것 없고
구경 중에 제일 재미있는 것이 싸움 구경이다.
그런데 불꽃놀이를 멈추라니 무엄하구나.

11. 하나님의 전쟁놀이

　여호와 이외에 다른 신은 없다. 다른 신을 믿는 자는 멸하리라. 외국의 신과 종교를 말살하라. 다른 민족의 종교를 믿는 자는 용서 없이 죽여라. 다른 신을 섬기는 자는 돌로 쳐 죽여라. 다른 신은 마귀이다.
　이 말들은 모두 기독교 ≪성경≫ 〈신명기〉 4:35 · 39, 11:16 · 28, 12:1-3, 13:6-11 17:2-7, 32:6-17에 나오는 이야기이다. 기독교나 이슬람교도 똑같이 구약을 인정한다.
　기독교에서는 하나님을 '여호와', 이슬람교에서는 '알라' 라 부른다. 구약을 똑같이 인정하고 믿는다는 것은 하나님은 분명 이름이 다른 한 분인 것이다.
　멸하라는 것은 씨를 말린다는 뜻이다. 알라와 여호와는 하나이면서 둘로 서로 씨를 말릴 때까지 싸운다. 이슬람과 기독교는 영원히 씨가 마를 때까지 싸움을 쉬지 않으리라.

　물위에 기름 불이 활활 탄다.
　물 뿌리면 불은 더욱 크다.

12. 죽음이 천국

　극단적으로 믿는 시한부 말세론 자들은 죽음이 천국으로 가는 지름길로 알고 있는지 모른다. 집단 자살을 일으켜 사회를 경악케 한 일들이 세계 도처에서 있었다.
　미국에서 250명이 한꺼번에 죽이고 죽는 기독교계의 인민사원 사건, 아프리카의 우간다에서 500여 명이 불에 타 죽는 사건, 우리 나라에서 80년대 30여 명이 한꺼번에 죽은 오대양 사건, 이것도 기독교계의 사교 집단으로 알려졌다.
　어쩌다 사고로 일찍 요절하면 하나님이 필요해서 천국으로 데려갔다는 희한한 믿음은 광적이라고 하기에는 붙일 낱말이 없다.

　주리를 트는 일도 없는데
　무엇이 고통스러워 일찍 죽나.

13. 별난 재판

텔레비전에 뉴스 시간에 나온 내용이다. 파키스탄의 이슬람교의 한 재판 과정이다. 살인 혐의자의 재판으로 불에 달군 돌 위를 맨발로 걸어가 화상을 입지 않으면 무죄로 혐의가 없어지고, 살인을 안 했어도 살인 혐의자로 심판을 받아 화상을 입으면 유죄로 죽음을 못 면한다.

그러니 일단 혐의만 받으면 어쩔 수 없이 살인자가 될 수밖에 없다. 왜냐하면 불에 달군 돌 위를 맨발로 걸어서 화상을 입지 않을 신통력 자는 없을 것이니까?

참으로 묘한 재판이다. 그야말로 알라의 은혜가 있기 전에는 그 누군들 살아날 재간이 없다.

너 독약을 마실래 총을 맞을래
선택은 은혜이니 네 자유이다.

14. 죽음을 못 면하는 재판

중세기 말(1400~1700) 유럽에서는 기독교(천주교)가 저지른 무서운 재판이 있었다.

마녀 재판이다.

일단 마녀라고 고발만 되면 죽음을 못 면한다. 이 재판 방식은 고발된 여자가 몸에 흉터와 점이 있으면 무조건 마녀로 인정하여 사형에 처하길 3~40만 명이 넘는다고 한다.

흉터와 점이 없으면 혐의가 있는 여자를 결박하여 깊은 물 속에 던져 물에 뜨면 마녀이고, 가라앉으면 결백한 것으로 판정한다.

뜨면 마녀로 죽음 못 면하고, 가라앉으면 결백해도 빠져 죽는 것이다. 가라앉을 것이 뻔하니 누구나 100% 결백한 것이다. 결백한들 무엇 하나 빠져 죽는 것을······.

철없는 어린아이가 멋모르고 어머니를 고발했고, 어머니는 아이의 증언으로 죽어갔다. 이것이 천주교의 마녀 재판이다.

부모 자식이 원수요 사랑이 원수이다.

미움을 사고 잘나면 마녀로 고발된다.

15. 뉴욕 쌍둥이빌딩

천오백 년 간의 망령이 한꺼번에 살아난 건가. 거대한 여객기가 백 층의 거대한 빌딩으로 돌진한다. 빌딩이 한 번에 내려앉는다. 죽지 않는 일이었다면 이보다 멋진 장면은 없을 것이다.

영화의 한 장면도 이렇게는 스릴이 넘치지 않는다. 무고한 생명들이 죄없이 순간적으로 죽는 일이다. 이런 때는 전지전능도 어쩔 수 없는 것이다.

천오백 년 간 싸워 온 십자군 전쟁의 망령들이 죽지 않고 한 번에 살아난 것인가? 소멸되어야 할 망령들이!

기독교와 이슬람이 존재하는 한 이 망령들은 죽지 않고 계속 일어나리라. 한쪽이 씨가 마를 때까지…….

씨 말리는 좋은 방법을 모르나
불알 까는 거세, 내시를 만들어,
사막에서 전갈과 독사가 싸우니
들쥐들 구경하다 독 묻어 죽는다.

16. 중동 전쟁

중동을 화약고(火藥庫)라고 한다. 불만 붙이면 온 세상이 불바다가 된다. 중동 전쟁은 언제부터 있었던 것인가? 생각하면 골치 아픈 일이다. 기독교와 이슬람교의 탄생부터이다.

이들은 똑같은 하나님을 믿는 사람들로 기독교에서는 여호와(야훼), 이슬람교에서는 알라이다. 여호와는 《구약》에 나오는 신의 이름이고, 알라는 《코란》에 나오는 신의 이름이다. 《코란》은 기독교로 치면 《신약》과 같은 것이다. 이슬람교에서도 《구약》을 인정하고 믿는다. 그래서 이들도 아담과 아브라함의 후예라고 자처한다.

결국은 하나의 신을 믿으며 살기로 싸우는 것이 아니라 죽기로 싸운다. 죽기로 싸우기 때문에 무서운 것이 없고 테러는 쉬운 것이다.

살기로 싸운다면 그래도 인류의 희망이 있을는지 모르겠지만 참으로 어려운 것이다. 인류의 불행은 여기서부터이다. 죽기로 싸운다는데 누가 말릴 것인가!

배아픈 것은 사촌이 땅 사기 때문,
가재와 게가 잘났다고 싸우네.

17. 정말로 모성은 있는가

여름철 장마가 한창일 때 제비가 새끼를 쳤다. 네 마리쯤 되는 것 같은데, 자고 나면 한 마리씩 둥지에서 떨어져 있다. 힘센 새끼가 밀어내는 것이다.

장마로 먹이를 못 물어다 주는 어미. 결국은 어미가 모두를 떨어뜨리고 날아가 버린다.

6·25때 어린아이를 길에다 버리고 가는 모정을 보았다. 결국 이 아이는 얼어죽었다. 모든 생명은 자신의 삶이 여유로울 때 사랑이 나오는가 보다.

어린 철없는 미혼모들이 화장실에 아이를 낳다가 버리고 도망가는 것을 뉴스를 통하여 보았다. 어찌 보면 인간이 동물만도 못한 것 같다. 그러나 지금도 극한 상황에서의 모정이 있다. 가난이 몸에 밴 나라에서이다.

음사심(淫邪心)이 많으면
모성과 모정이 떠난다.

18. 세계의 문화유산

아프가니스탄과 파키스탄은 옛적에는 불교 국가였다. 지금은 아니지만, 자취만이 남아 있던 불상들을! 세계의 문화유산인 거대 석불을 탈레반은 박격포로 박살을 냈다. 탈레반의 입장에서 본다면 불상(佛像)은 자기 민족에게 별로 가치가 없는 것.

이보다 더한 사건이 한국에서 일어나고 있다. 저희 조상인 할아버지 단군의 상을 우상이라고 망치로 부수고 목을 날려 버리는 일부 몰지각한 기독교인의 무지한 만행과 야만성은 탈레반이 불상을 부순 것과 비교도 안 되는 폭거이다. 자기 조상의 상을 목친 것과 어느 것이 더 악랄한가?

단군상도 부수는데 불상을 부수는 것이야 일도 아니겠지! 제주도 원명사 훼불사건, 1000개의 불상을 망치로 부순 교인이 있다. 이 교인에게 천당은 맡아놓은 당상일까?

개와 늑대는 구별하기 어렵고
고양이와 살쾡이의 구분도 어렵다.

19. 성불 못하는 마구니들

불교의 최상 목표는 성불이다. 그런데 성불을 못한다면 성불을 할 수 없다면 이미 불교가 아니다. 부처님 법이 아니면 이것도 불교가 아니다.

남자는 50세, 여자는 40세 이상은 스님이 될 수 없단다. 바꾸어 말하면 40세 이상은 성불할 수 없다는 이야기이다. 어느 누가 성불할 수 있는 사람을 스님이 되어서는 안 된다고 하겠는가? 성불할 수 있는데 스님이 못된다고 한다면 이는 필시 불교가 아니다. 40~50세 이상은 성불할 수 없기 때문에 스님이 절대 될 수 없다는 것이 아닐까?

좀더 비약하여 한마디로 바꾸어 말하면 40~50세 넘은 늙은 스님들의 성불은 이미 물 건너간 이야기이니 속퇴를 하여야 마땅하다는 뜻이다.

불경의 어느 구절에도 없는 이야기이다.

불교를 망치는 외도 중에 가장 큰 외도요, 불교의 탈을 쓰고 불상을 팔아 염불 장사하는 무서운 마구니들이다. 이들은 이미 불교도가 아니다. 그들은 한국에서 제일 큰 종단이다.

아프가니스탄의 탈레반은 불상을 부셨지만, 이들은 종권을 위하여 성불의 종자를 뿌리뽑으니 마구니 중에 가장 큰 마구니요, 불교와는 십만팔천 리나 먼 것이다.

불법을 망치는 것은 기독교나 기타 다른 종교가 아니다. 불교의 탈을 쓰고 불상을 팔아먹는 상자꾼이 이들이다.

그러니 탈레반이나 이교도들보다 어찌 더 무섭다고 하지 않겠는가!

오늘날 한국 불교 쇠퇴의 원인은 국가도 아니요, 정당도 아니요, 기독교도 아니요, 정치인·학자·기타 다른 종단도 아니다. 강간·간음·사기·절도·폭행·치사·살인 등으로 얼룩지고 텔레비전 앞에서 이단 옆차기로 날아다니는 사람들이 과연 불교의 참다운 대표 종단이라고 할 수 있겠는가?

막행막식은 무애 도인이요
설왕설래가 제일 화두니라!
별을 몇 개 달아야 주지도 하고,
큰스님이 되는 거야.

20. 한 구멍 쑤셔

말이 좀 험악한 것 같다. 멍청해서 한 구멍 쑤시면 청정치 못하다 하고 똑똑해서 여러 구멍 쑤시면 청정하다고 한다. 한 구멍에는 호적이 있고 여러 구멍엔 호적이 없다.

술 마시고 담배 피우며 고기 먹어 살이 피둥피둥하면 대승이요, 생고기 사타구니에 끼면 무애(無碍)도인이란다. 걸림 없는 대 자유인, 말이야 좋지, 술과 담배를 절제 못하는 것이 걸림이 없는 마음인지? 안 먹고 안 마시고 안 피워도 절제가 어려운 것인데, 고기 먹고 술 마시고 담배 피워도 괜찮은 교리를 지닌 사람들 과연 청정할 수 있을까?

거두절미(去頭截尾)하는 것이
병신이 육갑하는 것이다.

21. 우기면 이긴다

평야지대에 살며 높은 산이라고는 구경도 못하던 어린시절의 환경, 중학교 3학년 봄에 속리산으로 수학여행을 갔다.

법주사의 웅장한 전각들!

더욱 신기한 것은 엄청나게 큰 바위이다. 하늘에서 떨어졌다는 추래암. 문장대에 오르고 내리며 보던 기암들! 정말로 난생 처음 대하던 경관들이다.

이 산과 바위들이 세상에서 제일이구나. 나는 학교로 돌아와 속리산의 바위를 입이 마르도록 제일이라고 자랑했다. 그런데 설악산을 갔다온 아이가 있었다.

이 친구 설악산이 제일이라는 것이다. 나는 정말로 "못 참겠다. 속리산이 최곤데!" 우리는 여럿이 있는데 설전을 했다.

"야, 너 속리산 가보았냐?"

"그래, 가 보았다."

"그러는 너는 설악산에 가 보았냐?"

"아니, 그건 왜 묻냐?"

"설악산이 더 크단 말야!"

"야, 웃기지마. 증명해봐?"

설악산이 크다는 것을 어떻게 증명할 것인가! 그 아이는 양쪽 다 보았고 나는 한쪽만 보았다. 힘은 내가 세고 말은 그 애가 잘한다. 그래서 나는 "야, 너 이 새끼 죽고 싶냐! 이 새끼 속리산

이 크다면 큰 줄 알지!'

옆에서 구경하던 아이들도 내편을 든다. 이 아이들은 아무데도 가보지 않았다. 승리는 우기는 내게 돌아왔다.

그리고 불교에 귀의한 뒤 35살이 넘어 정말로 설악산에 가보았다. 중학교 3학년 때 우기던 일이 생각난다. 20년이 지난 세월, 속리산이 크게 보이던 내게 정말로 설악산의 장엄한 기암괴석과 절경은 말이 필요 없다. 그때 그 친구 생각이 나며 미안한 마음이 들었지만, 세상 일에는 엉터리를 힘센 자가 우겨서 이기는 경우가 얼마나 많겠는가?

미련한 놈이 우기면 이긴다. 사회라는 것, 특히 종교 부분에서는 없는 사실도 우겨서 만들면 모르는 중생들은 따라 다니며 구원을 바란다.

없는 엉터리를 모르는 사람은 더욱 매달려 영원히 매달린들 무엇이 오겠는가, 결과는 뻔한 것……

실제 있었던 일. 따뜻한 봄날 장님이 선글라스를 끼고
산책을 나갔다. 벤치에 앉은 장님이
아이고, 색깔이 예쁘구나, 하니
장님인 줄 모르는 신사가, 그렇게 예뻐요
그럼요, 이 신사 옆에서 무엇을
구경하는지 멀거니 보고 있다.

22. 증오의 불길

　증오의 불길이 세계를 태우는구나. 삼계가 불타는 집인데, 이 불타는 집은 누가 만들었는가? 증오의 불길을 끄는 것이 종교 본연의 임무이거늘…….

　어찌! 종교로 인하여 증오의 불길이 솟아오르고 온 우주를 태우는가? 마음이 타고, 번뇌가 타고, 어리석음으로 인하여 온 세계를 태우고 있구나. 한 생각 쉬면 끝나는 것을, 중동에서 타는 불길은 언제나 꺼질지…….

　모양 없는 불은 쪄 죽고
　모양 있는 불은 타 죽는다.

23. 가장 큰 불행

불행이란, 모든 생명이 바라는 바가 아니다.

첫 번째 큰 불행이라면 개죽음이요, 그렇기 때문에 모든 생명들은 죽기를 싫어한다.

두 번째 불행은 배고픔이다. 그렇기 때문에 배고프면 서로 잡아먹는다.

세 번째 불행은 사랑이다. 그렇기 때문에 사랑을 위해서는 목숨을 건다.

네 번째 불행은 도덕성이 없는 것이다. 그렇기 때문에 명분과 실리를 위해서는 살상을 서슴지 않는다.

다섯 번째 불행은 건전 오락이 없는 것이다. 그렇기 때문에 자신의 오욕낙으로 생명을 등한시한다. 이중에 가장 큰 불행은 미신이 조직화된 것이다. 미신이 조직화되면 전 인류가 핏빛으로 변해도 신의 이름으로 찬양되리라.

조직폭력인 조폭은 양반이다
미신폭력인 미폭이 무섭지.

24. 미신이 조직화되면

　미신(迷信)이란, 미혹(迷惑)하게 믿는 것이다. 실재 존재하지도 않는 신을, 마음이 어리석어 가상으로 만들어 믿는 것이다.
　인류의 불행은 여기서부터 시작된다. 모든 전쟁이 신앙으로부터이다. 고대의 마야 문명, 잉카 문명은 마음이 어리석어 존재하지도 않는 태양신(太陽神)을 만들어 귀중한 인간 생명을 제물로 바치고, 지금 서구의 양대 문명은 마음이 어리석어 존재하지도 않는 신을 만들어 믿지 않으면 저주하고 지옥 간다고 으름장을 놓으며 제멋대로 심판하여 인간 목숨을 파리 목숨만도 못하게 칼로 찌르고 산 채로 불에 태우는 심판을, 그것도 신(神)의 이름으로 한다.
　누가 이유를 달며 반대할 것인가. 그것도 모자라 무고한 생명들을 집단으로 죽이는 테러를 서슴없이 자행하고 있다.
　인류의 멸망은 미신이 조직화되면서부터 시작이다.

　닭대가리 머리 맞대고 회의하고
　돼지 머리 휘돌려 친선 도모하네.

25. 똥이 향이 되나

　인류에게 이미 씻지 못할 죄를 지은 것이 과거의 종교전쟁과 이단 척결, 침략전쟁. 과학의 부정, 전통문화의 말살 등. 중세 유럽의 종교가 지은 죄이다. 지금에 와서 아무리 죄를 인정하고 해명한들 그 신앙이 갖는 본질이 없어지는 것은 아니다.
　종교는 지극히 인간적이어야 하고,
　종교는 지극히 윤리적이어야 하고,
　종교는 지극히 과학적이어야 하고,
　종교는 지극히 철학적이어야 하고,
　종교는 지극히 합리적이어야 하고,
　종교는 지극히 논리적이어야 한다.
　여기에 나열한 내용이 없으면 미신에 가까운 것이다.
　그런데 이미 이런 것들이 없었던 미신이 지금에 와서 토착화하여 제사를 지내고 조직화하여 자선과 봉사를 하고 공존의 미덕을 위장한들 미신이 아니겠는가?
　중세의 암흑을 인정하고, 종교전쟁을 인정하고, 침략을 인정하고, 잘못을 회개한다는 것은 이미 창조주의 실수를 인정하는 것으로 창조주의 실수는 이미 엉터리라는 것을 입증하는 것이다.
　그 잘못된 교리가 어디 가는가? 잘못된 신앙은 아예 없어지는 것이 참된 회개이며, 진실한 뉘우침이다. 그것도 모르고 무

식한 일부 불교인들은 제사지내고 합장하고 염주 있으면 종교
는 같은 것이라고 개종한다.

    향에다 똥을 바르는 어리석은 사람들!

    볼기 맞고 장독 오른 데는 똥
    한 사발 퍼 마시면 약이 된다.

26. 바르게 가르쳐 주면

　인간은 묘한 습성을 가졌나 보다. 칭찬을 들으면 좋아한다. 그것도 과장하면 더 좋단다. 그런데 자꾸 여러 번 하면 싫단다. 칭찬도 여러 번 하면 싫다는데 바른말을 하면 무어라 할까?
　있는 사실 그대로를 이야기해도 비방이란다. 비방이란 없는 것을 꾸며서 헐뜯는 일이다. 좋은 약은 입에 쓰고 충고는 귀에 거슬린다고 했다. 바른말은 좋은 약과 좋은 충고보다 좋은 것이다. 특히 미신적 종교 부분에서는 일체의 언설이 필요 없고 무조건 믿음만을 강조한다. 이것이 맹신인데 말이다. 바르게 가르쳐 주면 벌떼처럼 일어난다.
　겸허하게 들을 줄 아는 것, 이것이 공부하는 방법이다.

　생선 쥐고 비린내난다고 투덜대고
　물에 빠진 놈 건져주니 보따리 내놓으란다.

27. 희한한 일

걸망을 지고 김천 역에서 서울행 열차를 기다리고 있었다. 말끔하게 빼 입은 어느 노파, 내가 스님이라는 것을 뻔히 알며 다가온다. 참으로 수상쩍다. 아니나 다를까?

"불경 갖고 다니능교?" 하고 묻기에

"불경은 마음에 있는데 무얼 갖고 다녀요."
하고 대답했다. 노파는 나에게 광고 용지를 주며

"읽어보고 구원받아요" 하는 것이다.

"할머니나 많이 읽고 구원받으세요."

"예수 안 믿으면 지옥 가요."

늙은 노파의 무지와 나에게 아무 능력이 없음이 안타까울 뿐이다. 무연 중생과 무지는 무엇으로도 제도하기 힘들다는 부처님의 말씀을 이제야 이해를 하겠다.

참으로 구제 불능인가? 그 노파가 불쌍한 것인지, 내가 불쌍한 것인지, 누구 한 번 맞추어 보아라.

장님이 해를 볼 수 있나
개똥을 떡이라고 먹고 있네.

28. 진정한 하나님

하나님은 당신을 사랑합니다. 이것도 거짓말이오. 하느님은 당신을 미워합니다. 이것도 거짓말이다.
믿으면 구원하여 천당에 보내고, 믿지 않으면 심판하여 지옥에 보낸다. 이것도 거짓말이다.
진정한 하느님은 누구를 사랑하지도 않고 누구를 미워하지도 않는다. 일체가 다 평등할 뿐이다. 왜냐하면, 하나님은 마음에 있는 것이요, 저 먼 별들의 세계나 허공에 있는 것이 아니기 때문이다.
마음은 태어나고 죽음이 없고 평등하기 때문에 진정한 구원과 천당을 바란다면 모든 것이 마음 안에 있음을 보아라.

으스름한 달밤에 비치는 그림자
님인 줄 알고 한없이 기다리네.

29. 성전(聖戰)

인간에게만 가능한 이름이다. 성스러운 전쟁!

잔인하게 죽이고 죽으며 안 죽으면 병신이 되는 전쟁, 이것이 성스럽단다. 누구를 위하여 싸우기에 그렇게 성스러운가?

그것도 하나님을 위하여 싸운단다. 얼마나 싸움이 멋지면 성스러울까? 성스러운 싸움은 죽지 않는 모양이지!

이들은 과연 누구인가? 참으로 희한하고 희한한 전쟁이다. 하나님은 만유의 하나님일진데 특히 아랍인과 유태인은 어찌 이토록 골이 깊을까?

참으로 무지(無智)보다 무서운 병은 없다. 우리 한민족의 종교인 중에 반 이상이 기독교인이라는 사실에 쓸개 빠진 민족이 또 어디 있겠는가? 이 시대를 같이 산다는 것이 부끄러울 뿐이다. 참으로 부끄럽다.

어떤 때는 믿지 않는 내가 정말 멍청한 것이 아닐까 하는 착각에 빠지는 기분이 든다.

죽을 때까지 싸우는 투견(鬪犬)
죽을 때까지 싸우는 투계(鬪鷄)
주인이 말려도 싸우듯
하나님이 말려도 싸우며
성스러운 싸움이라고 우긴다.

30. 쓰레기

쓰잘 데 없어 폐기시키는 것이 쓰레기이다. 골짜기나 물 맑은 냇가에 가면 쓰레기만도 못한 인간들이 있다. 경치 좋은 깊은 산 속 골짜기에 쓰레기를 버리는 것도 문제인데, 양심은 있어 잘도 찾아 처박는다.

이런 양심을 비뚤어진 양심이라 할까. 눈에 보이게 놓아 두면 치우기 쉬운데 바위 틈과 나무 사이 또는 골짜기에 처박으니 꺼내기가 힘들다.

확실히 쓰레기만도 못한 쓸모 없는 인간쓰레기가 아닌가! 자가용 타고 다니며 자기 차 지저분한 것은 아는지 차창 밖으로 담배꽁초와 휴지를 함부로 버리는 인간쓰레기. 쓰레기 같은 주제에 깨끗한 척 큰소리는, 목소리 큰 것으로 한몫 한다.

들여우 훔친 먹이 숨기듯
어쩌면 그렇게 잘 숨기나.

31. 종교는 같은 거야

　기독교인이나 이슬람교인은 똑같은 유일신인 하나님을 믿으며 종교는 같은 것이 아니라고 죽기로 싸운다. 그런데 얼간이 중(僧)들과 얼간이 학자들이 같다고 한다. 말을 조금 잘한다는 넋빠진 중은 유식한 체 설법 중에 불교 이야기를 하기도 바쁠텐데 꼭 예수의 사랑 이야기를 한다.
　불교 입장에서 보면 신을 믿는 신앙과는 완전히 다른 것인데 종교는 화합해야 한다느니 종교의 궁극적 목표는 같다느니 알지도 못하면서 지껄인다. 인류가 화합하는 것은 좋은 일이다. 그러나 인류 역사상 종교가 화합된 일은 없다.
　구업(口業) 중에 죄가 되는 것은 진리를 왜곡하는 것보다 더 큰 것이 없다. 기독교와 이슬람교는 유일신인 하나님을 믿으며 같지 않다고 죽기로 싸운다.
　그런데 신을 믿지 않는 불교에서 종교는 같은 것이라고 한다면 얼마나 어리석은 일인가. 무지와 무능은 관용이 아니다. 세계의 어느 나라를 보아도 유일신을 믿는 국가에서 종교가 공존한 예는 없다.

　개 · 돼지 · 소와 사람이 같은 것이 있다.
　먹고 똥싸고 잠자고 소리내는 것이 같다.

32. 농약과 밀가루

뉴스 시간에 나온 이야기이다. 강원도의 어느 산간 마을에서 늙은 노파가 부침개 해먹는다고 밀가루 반죽을 하다가 밀가루가 모자라 농약가루를 밀가루인줄 알고 밀가루 반죽에 섞어 동네 사람들과 부쳐 먹었다.

많이 먹은 젊은 사람 한 명은 그자리에서 거품을 품고 죽었고 나머지 사람들은 중태란다.

종교와 미신의 차이도 밀가루와 농약가루와 같은 것이다. 겉보기는 같아도 속은 완전히 다른 것으로 믿어서 집안 망하고, 믿어서 사람 죽이고, 믿어서 저주하고, 믿어서 전쟁하고, 믿어서 테러하는 등 각양각색으로 인간의 심성만 어리석게 만든다.

믿음의 결과가 이렇게 엄청날 때 종교와 미신은 농약과 밀가루와의 차이보다 더 심각한 것이다. 참으로 어리석음은 누구도 구제치 못한다.

춥다고 휘발유 바르고 불 쬐는 사람
술 대신 농약 마시고 영원히 취하는 사람.

33. 수맥과 음맥

　수맥은 지하에 흐르는 물줄기이다. 우리 몸의 78%가 물이고 보면 물은 모든 생명의 어머니이다.

　맥(脈)이란 우리 몸의 핏줄과 같은 것이다. 땅속에도 물이 흐르는 줄기가 있다. 이것이 수맥이다. 우리가 생활하는 난방 온수 보일러도 방바닥으로 흐르는 수맥이다.

　그러면 수맥은 좋은 것인가, 아니면 나쁜 것인가? 수맥이 없다면 인간에게 혈관이 없는 것과 같은 것이다. 수맥이라고 나쁜 것이 아니다.

　보일러의 물이 안 도는 냉방에서 잠을 자면 차서 병이 생기고 보일러의 따듯한 방에서 자면 오히려 몸이 개운하다. 수맥도 이와 같은 것이다.

　무조건 해로운 것은 아니다. 음맥(陰脈)이 무서운 것이다. 수맥에 차디찬 음기가 서리면 음맥이 된다. 음맥이란 귀신 다니는 길이다. 사람에게도 귀신이 빙의하면 빙의한 부분이 차디차서 유통이 안 돼 통증을 느낀다.

　영혼의 세계를 제대로 모르는 사람들이 수맥을 차단한다고 별 요상한 것을 만들고 있으나 음맥이 차단되는 것은 아니다.

　묘지에는 명당이 없다. 천도되지 않은 영혼이 육신에 집착하여 못 떠나는 묘지가 바로 음맥이다. 귀신이 동판이나 옥돌을 무서워하겠는가?

또는 육각의 히란야와 삼각형의 피라미드를 무서워하겠는가? 음맥의 차단은 우주 법계의 원리가 들어 있는 부처님 말씀이나 법계 만성(卍性) 길상이 있는 이 책의 표지로 하면 된다. 마음의 법인 법계 만성 길상도(吉祥圖)가 좋다.

우주는 한가지 이치를 못 벗어난다.
마음 법이다. 부처님 법은 마음 법이다.
마음의 묘용을 알면 귀신도 꼼짝 못함.

34. 엄탐모 섬탐모

　　초등학교 6학년 때 입과 턱에 부스럼이 심하게 생겼다. 병원에 다니고 약을 발라도 효과가 없다. 동네나 이웃 동네에 초상이 나서 상여가 나가는데 그것만 봤다 하면 얼굴로 퍼진다. 진물이 줄줄 흐른다.

　　6개월 정도 고통이 말할 수 없다. 하루는 경상도에서 왔다는 어느 인삼장사 아줌마가 하룻밤만 재워 달란다. 잠을 자고 난 인삼장사 아줌마는 나를 보더니 잠잔 보답으로 고쳐 준단다.

　　3월쯤이니 보리 순이 한창 올라올 때다. 보리 순을 따 오란다. 그 다음날 새벽 동녘에 해가 뻘겋게 올라올 때 나를 해를 보게 세워 놓고 이 경상도 아줌마는 보리 순으로 내 상처를 쓸어내리며 중얼중얼 한다.

　　나는 그때 정확히 들었다.

　　"엄탐모 섬탐모 어섬매 서섬매 생담병잘서."

　　이렇게 20번쯤 한 것 같다. 그런데 이게 웬일인가. 가렵고 스멀대고 진물러 물이 흐르던 부스럼이 그날로 깨끗이 낳은 것이다. 정말 신기한 일이다.

　　불교에 귀의하여 법사가 되고 스님이 된 지금도 생각하면 우습다. 불교에는 이런 진언이나 주술은 없으니 그렇다고 다른 종교에 있는 것도 아니다.

　　그런데 그 아줌마 무슨 주문일까?

분명히 불경의 어느 진언의 한 대목일텐데, 이 아줌마 모르고 엉터리로 외웠을 것이라는 생각이 든다. 어쨌거나 효과는 더블로 100%이다.

정성스러운 마음은 모든 것에 통하는 것이다. 이 아줌마 뜻을 알고 했겠는가. 정성과 그렇게 하면 된다는 확실한 신념이 이 아줌마에게는 있었던 것이다. 그래서 모든 것은 마음이 만드는 것이다.

몰라도 정성스러우면 낫고
알아도 정성이 없으면 낫지 않는다.

35. 삼재(三災)

　삼재란 수재(水災)·화재(火災)·풍재(風災)이다. 모든 중생이 살아가는데는 반드시 겪어야 하는 재앙인 동시에 복(福)이다.
　비가 안 오면 가물어 모든 것이 타 죽는다. 비가 너무 많이 오면 홍수가 나서 수해를 입는데 이것을 수재라 한다. 수재가 무서워 비가 안 온다면 어떻게 되겠는가?
　불이 없으면 모든 생명은 성숙하지 못한다. 인류의 문명은 불에서 발전한 것이다. 불을 잘 못 다루면 화재(火災)이다.
　풍재란 바람의 재앙이다. 바람이 없다면 모든 흐름을 막아 유통이 안 된다. 정초만 되면 삼재 풀이를 한다고 아우성이다. 참으로 웃기는 이야기이다.
　삼재는 마음에서 생기는 것이다. 탐욕이 치성하면 음욕으로 발전하여 애수침익(愛水浸溺)이라 한다. 수재는 타락된 세계에 생기는 것이다.
　성내는 진심(瞋心)이 치성하면 불타는 마음으로 우주를 에워싸 삼계가 탄다. 중동에 가뭄의 이유를 아는가? 풍재란 어리석음이 치성하면 일어나는 것이다. 인간 폭풍보다 무서운 것이 어디 있겠는가?
　삼재란 적당하면 좋은 것이다. 마음 잘 다스리면 삼재는 자연 소멸되는 것인데 부적 쓰고 점치고 종이 한 장으로 예방한

단다.

　마음 잘 쓰는 비결은 비우는데 있다. 탐욕은 수재, 성냄은 화재, 어리석음은 풍재이다. 동양 철학에서는 병(病)·사(死)·묘(墓)의 운을 삼재라 한다. 병들어 죽어 묘 속에 들어가는 것이다. 이 운에 안 걸릴 재간이 있는 사람은 단 한 명도 없다.

　포(胞) 태(胎) 양(養) 생(生) 욕(浴) 대(帶)
　관(冠) 왕(旺) 쇠(衰) 병(病) 사(死) 묘(墓)
　이 중에 병(病) 사(死) 묘(墓)가 삼재이다.
　누구나 병들어 죽어 묘에 들어간다.

36. 천도(遷道)

　천도는 길을 바꿔 준다. 길을 열어 준다는 뜻과 영혼을 이고 득락(離苦得樂)케 한다는 뜻이다. 무당이 굿을 하는 것도 천도요, 스님이 기도하여 극락에 왕생케 하는 것도 천도이다.
　그러나 눈먼 장님이 길을 안내할 수 없듯이 영안(靈眼)의 눈이 떠지지 않으면 영혼을 안내할 수 없다. 영안이 있더라도 진리를 모르면 못하고 진리를 알더라도 영안이 없으면 안 되는 것이다.
　그래서 천도는 어려운 것. 그래서 무당도 천도를 못하고 진리를 아는 수행자라도 영안이나 천안이 없으면 천도가 어려운 것이다. 그저 그냥 정성과 공을 드릴 뿐이다. 돈에 어두워 마구잡이로 천도제사를 많이 지내는 중들이 있는데 이들은 대개 몸이 모두 아프다.
　무당도 몸이 많이 아픈데 영혼들을 불러 모으기만 하고 좋은 곳으로 보내지 못하여 영혼의 장애로 아픈 것이다. 천도를 제대로 못하면서 제사를 많이 지내는 절에는 귀신이 우굴거려 주지나 기도승들이 자주 아프다.
　여담으로 신도들에게 수수께끼 비슷하게 질문을 했다. 그대들의 부모님이 죽어서 지옥에 있는데 그대들은 잘살고, 그대들의 부모님이 죽어서 천당에 있는데 그대들이 못산다면 그대들은 어떻게 하겠는가?

이 경우 부모님이 천당에 있길 바라겠는가? 지옥에 있길 바라겠는가? 물론 언뜻 대답할 때는 천당에 계시길 바란단다. 이때 그대들이 "못 사는 데도 괜찮아"라고 되물으면 모두가 "아니요"라고 답한다.

모두가 자기 잘살겠다고 제사도 지내고 천도도 하고 명당을 찾는 것이지 무슨 부모님이 좋은데 가라고 하겠는가? 좋은데 가면 아무 탈 없이 그런 대로 잘살 수 있으니까 천도도 하고 제사도 지내는 것이다. 못 산다고 한다면 누가 하겠는가?

정성도 없고, 공(功)도 없다면 귀신이 웃고 가리라.

너도 못 보고 나도 못 보니
구렁이 담 넘어가듯 얼렁뚱땅
귀신이 웃고 놀다 간다.

37. 승랍(僧臘)과 법랍(法臘)

랍이란 나이를 뜻하는 것이다. 승랍이란 중이 된 나이이다. 중이 되는 것을 득도(得道)가 아닌 득도(得度)라 한다. 득도(得道)는 도를 이루었다는 뜻이요, 득도(得度)는 내가 제도(濟度) 당함을 얻었다는 뜻이다.

법랍이란 법을 얻은 나이이다. 그런데 비구계를 받은 해부터 법랍이라 한다. 참으로 요상한 일이다. 종정을 지내고 총무원장을 지낸 몇몇 스님은 비구계를 받지 않았으니 법랍이 없는 것이다. 그 이외에 여러 노스님들은 비구계를 받지 않고 그냥 수행자로서 훌륭한 면모를 보인 분들로서 법랍이 없던 분들도 많이 있다.

마음에는 늙고 죽음도 없고 나이도 없는데, 무슨 승랍이나 법랍이 필요하겠는가. 이 육신의 나이와 수행의 나이가 필요한가? 한 생각에 무량한 세월이 있고 무량한 세월이 한 생각 속에 있거늘! 나의 승랍은 무수겁이요 최소한 30생 전이다. 그런데 늦게 출가했다고 중 될 자격이 없다는 것이다.

법랍이란 깨달아 법답게 살아야 법랍이지 비구계 받았다고 법랍인가? 그대들에게 과연 깨달은 법랍이 있는가? 깨닫지 못하면 승랍에도 걸맞지 않는다. 시주 밥 축만 내는 빚쟁이에 불과할 뿐이지 않겠는가. 법랍이다 승랍이다 하는 경계도 분별에서 오는 깨닫지 못한 망상들이다.

잘못된 길

공부 못하는 아이 책가방 핑계 대고
도를 모르는 중은 법랍을 따진다.
도는 머리 깎는 것과는 무관해!

38. 사미(沙彌)와 비구(比丘)

나이 어린 20세 미만의 중을 사미라 하고 나이 많은 20세 이상을 비구라고 한다. 사미에게는 열 가지 계율이 주어지고 비구에게는 250가지 계율이 주어진다.

조계종은 어떻게 된 것인지 나이가 많건 적건 처음에는 무조건 사미이다. ≪초발심자경문≫의 〈계초심학인문〉에 신사미동행(愼沙彌同行)이라는 말이 있다. 나이 어린 동자승과 함께하지 말라는 말이다. 옛날에는 동성연애인 호모가 성행했기에 예쁘고 어린 사미와 동행하지 말라는 말이다. 그런데 사미와 동행하지 말라는 말을 듣는다면 지금의 30~40이 넘은 사미들과는 아예 다니지 말아야 한다. 조계종은 그래서 외도의 길을 걷고 있는 것이다.

부처님 당시에 나이 많은 사람에게 사미계를 주고 비구계를 준 것이 아니다. 나이 많으면 곧바로 비구계를 주었다. 계는 깨닫기 위하여 지키는 것이며 지키기 위하여 지키는 것이 아니다. 그래서 깨달으면 저절로 지켜지고 깨닫지 못하면 지키려고 해도 지키기 어려운 것이다.

나이 많은 어른에게 비구계를 곧바로 못 주는 이유는 무엇인가. 승려로서의 자질에 문제가 있거나 발심의 동기가 수상쩍다는 것이 분명하다. 자질이 충분하고 발심의 동기가 확고하면 곧바로 지키기 어려운 250계의 비구계를 줄 것이지 나이 어린 아이들이 지키는 10계를 줄 이유가 무엇이 있는가?

　계는 지키기 위한 것이며 깨닫기 위한 방편이지 받아서 모가지에 힘주고 술 마시고 고기 먹고 담배 피우며 막행막식으로 무애행을 하는 것이 아니다.

　출가의 목적이 깨달음이 아니라 잿밥에 마음이 있음을 간파했기 때문에 그런 것이 아닌가라는 생각이 든다. 서산대사·사명대사·원효대사·무학대사 등은 비구계를 받지 않고도 계를 잘 지키며 도를 이루었다고 한다.

　요즈음 율원의 율사(律師)인지 율사(栗師 : 밤송이 선생)인지 무엇을 위하여 지키는 지도 모르며 서산대사를 서산사미라 부르고, 무학사미·원효사미 등으로 부르는 웃지 못할 망나니 풍경이 있다.

　돼지에게 계를 일러준들 무엇을 알겠는가
　맛은 혀로 보는 것이지 숟가락으로 보는 것이 아니다.

　담배 피우고 술 마시는 땡초가 《금강경》의 항복기심을 강의한다. 항복기심이란 마음을 항복 받는다는 이야기이다. 개중에는 술과 담배도 못 끊는 일부 중과 법사라는 사람이 있다. 그런데 어떻게 마음을 항복 받을 것인가. "담배 좀 끊으시오"라고 충고를 하면 "아, 글쎄 그것이 잘 안 되네요"라고 답하는 사람은 그래도 양심이 있는 편이다. 그러면서 뱃심 큰 못된 놈은 담배 피우지 말라는 이야기가 어디에 있느냐고 따진다. 천하의 도적놈이 담배 피우고 술 마시며 부처님 법을 설하는 놈으로 지옥에 들어가며 마음을 항복 받으란다. 원숭이가 웃고 가리라.

   마셔도 마시는 것이 아니요
   피워도 피운 것이 아니다
   공병(空病) 걸린 사람들!

39. 초가삼간 태운 큰 땡초

키 크고 인물이 훤하다고 큰스님인가, 말 잘하고 기개가 있다고 큰스님인가, 시대를 모르고 사회를 모르면 깨달았다고 하더라도 거짓말이요, 사회에 부응하지 못하면 헛 깨달은 것이다. 시대의 흐름과 사회의 구성요인이 무엇인지 모르며 벼룩 잡는다고 초가집에 불지른 땡초가 있다.

정화(淨化)라는 이름으로 한국 불교를 송두리째 뒤흔든 망화(亡化)사건이 있었다. 동쪽에 있는 산과 빠지면 죽는 시퍼런 못. 이 두 큰 땡초가 깡패 5,000명을 투입 초가삼간을 태운 장본인으로 큰스님이라고 추앙을 받고 있다. 중생이란 어리석은 것이기에 모양 좋고 큰소리가 나면 좋은 것인줄 안다. 어리석음은 참으로 불쌍한 것이다.

한국불교의 정화는 똥 묻은 개가
겨 묻은 개를 쫓아내는 격,
벼룩 잡는다고 초가삼간을 태운 일이다.

40. 대한민국 국민은 모두 불교인

　산사 깊이 앉아 낮잠 자는 중이 있었다. 신도는 30명, 찾아오는 사람은 모두 불교인이다. 만나는 사람, 찾아와 불교를 묻는 사람, 반갑게 인사하는 사람, 이 깊은 산사에 찾아오는 사람은 모두 불교인이다. 고작 30명이다.
　이 중은 대한민국 사람은 모두 불교인으로 알고 있다. 일년 내내 찾아오는 사람이라고는 고작 30명 모두 불교인이니까? 요즈음 세태를 모르고 치맛바람에 둘러싸여 시내를 돌아다니며 불교인으로 가득 찬 줄 아는 미련하고 어리석은 젊고 늙은 땡초들이 많다. 다종교 사회에서 힘이 없으면 자멸하는 것이다. 더욱이 서구의 기독문화가 들어간 나라에 전통 종교나 문화가 송두리째 뿌리뽑히지 않은 나라가 없다. 역사는 산지식이며 살아 있는 지혜이다.

　구더기 왕이 구더기에 둘러싸여
　온 세계가 구더기로 보이는 것과 같다.

올바른 길

1. 인연(因緣)

하나가 둘이 되고 둘이 하나가 되며 셋 넷 다섯이 되니 자성을 지키지 못하면 셀 수 없는 연(緣)을 따라 갖가지 형상을 만들고 집착하여 괴로움만 더해 간다.

참 마음은 이름과 형체가 없어 고요하건만 연(緣)을 따라 인(因)이 되고 인에 의하여 연을 이루니 이것이 훈습이 되어 성품을 이루는 것이다.

스스로의 성품을 지키지 못하면 연을 따르고 윤회의 사슬을 벗어나지 못하리라.

사랑방에 군불 때니
외양간 암소가 음매.

2. 나는 누구인가

　내가 누구인가. 나를 알면 부처요, 나를 알면 하느님이다. 부처님도 내가 만들고, 하느님도 내가 만들고, 귀신·도깨비·마귀 등도 내가 만들기 때문에……. 자식은 나를 아버지라 부르고, 부모님은 나를 아들이라 부르고, 형은 동생이라 하고, 동생은 형이라고 부르며, 조카는 삼촌이라 부르고, 삼촌은 조카라고 부른다. 선생님은 제자라고 부르고, 제자는 선생님이라고 부른다.

　그 어떤 이름으로 부르든 진정한 나는 아니다. 다만 이름이 붙여진 것일 뿐, 진정한 나의 이름인 '나'는 없다. 그래서 무명(無名)이라는 것이다.

　이 육신도 마찬가지이다. 눈·귀·코·혀·몸통·팔·다리 등 그 어느 것도 진정한 나는 아니다. 팔다리 사지를 각각 떼어 냈을 때, 그 어느 것도 나는 아니다. 눈·귀·코·혀 등도 마찬가지이다. 그래서 무아(無我)이다.

　　땅을 보고 걸으면 자빠질 일 없고
　　배고플 때 밥 먹으면 배고프지 않다.

3. 어느 것이 진정한 이름인가

아버지를 어린 자식이 부를 땐 아빠, 조금 성장하면 아버지, 조금 더 성숙하면 아버님. 가장인 아버지를 존칭어로는 엄친·엄부·어르신이라 부르고, 자식을 낳으면 어머니께서 아범이라 부르고 욕설스러울 때는 아비, 사투리로는 아바이 라고 부른다.

아버지·아빠·아바이·아범·아비·엄친·부친·엄부 등 그 어떤 이름으로 불러도 동격인 사람이다. 어머니는 엄마·어마이·자당·자친·모친·어멈·어미 등으로 불러도 동격인 사람이다.

여기서 어느 것이 그 사람을 대변하는가?

아무리 위대한 신(神)이라도 마찬가지이다. 귀신을 부르기에 따라 거룩해질 수 있고 흉악해질 수 있다. 그러나 어떠한 이름이 붙여져도 사람 죽이는 부처님 없고, 사람 죽이는 하나님 없다. 진실된 이름은 없다. 그래서 무명(無名)이다.

어린아이에게 사탕 주고
노름꾼에게 뒷돈 대줘.

4. 어느 하느님이 진짜인가

이름이 다르다고 하느님이 다른가? 하나님 · 한울님 · 한님 · 한배님 · 한얼님 · 옥황상제 · 구천상제 · 신주(神主) 등 어느 이름이 가장 절대적인가.

이 이름들이 다르다고 서로 다른 것이며, 서로 싸울 것인가. 어떤 이름의 신이 진짜 신(神)인가. 이 모두가 인간의 깨치지 못한 생각에서 나온 이름들이다.

하느님을 한문으로는

천주(天主) : 하늘의 주인,

천왕(天王) : 하늘의 왕,

천존(天尊) : 하늘에서 가장 높은 분,

천제(天帝) : 하늘의 황제,

상제(上帝) : 천상 위의 황제.

이 모두가 순수 우리말로 한다면 하느님이다.

천주 · 천왕 · 천존은 불교의 고유 전통 용어이며 어떤 신앙이나 종교에 나오는 이야기가 아니다. 기독교 하느님은 '여호와(야훼)', 이슬람교의 하느님은 '알라'이다. 진정한 하느님이라면 나를 믿으라고 강요하고 믿지 않으면 저주하고 죽이는 전쟁을 하지 않는다.

우주를 창조하는 것은 마음이며 운명을 좌우하는 것도 마음이다. 깨친 마음에는 부처님이 된다. 그러나 깨치지 못한 어리석은 마음은 신을 만들고 여러 이름의 하느님을 만들어 스스로 속박 당하며 노예가 된다.

 테러는 마음이 하는가? 그들의 신이 시켜서 하는가? 진정한 신은 죽이지 않고 살리지도 않으며 간섭을 하지 않는다. 태양이 그냥 비추듯이…….

 알아야 면장을 하지 모르면
 손에 쥐어 줘도 몰라.

5. 호법신장(護法神將)

　호법신장이란, 진리를 보호하는 신의 우두머리다. 신의 우두머리란, 하느님이다.
　그래서 불교에서는 천왕(天王)·천주(天主)·천존(天尊) 등으로 부른다. 순수 우리말로 하면 하느님이다. 천주·천왕·천존인 하느님은 부처님의 시봉(侍奉)이며, 불교를 수호하는 역할과 백성을 편안하게 하는 것이 하느님의 임무이다.
　전쟁을 하고 믿지 않으면 벌주고 지옥 보낸다는 협박꾼이 아니다. 진정 어느 하느님이 믿으라고 강요하고 믿지 않는다고 벌을 주며 전쟁을 시키겠는가?
　아버지와 어머니는 자식들끼리 못 싸우게 말린다.

　엄마 젖 빨고 곤히 잠든 아기
　아궁이에서 고구마 굽는 머슴아.

6. 몸과 마음

    마음 없이 육체의 작용 없고 육체 없이 마음의 묘용 없다. 중생이 살아가는데는 몸과 마음은 불가분의 관계요, 마음의 각오 없이 몸을 단련할 수 없고 몸의 단련 없이 어찌 마음을 닦으랴?
    몸의 고통을 참는 것도 마음공부요, 몸의 욕구를 참는 것도 마음공부이다. 마음공부가 되면 몸의 욕구도 고통도 이기게 된다.
    몸은 마음을 짊어지고 가는 수레요, 마음은 몸의 수레를 이끌고 가는 길잡이이다. 모양 없는 놈이 모양 없는 놈을 보려 하고 모양 있는 놈이 모양 없는 놈을 보려 하니, 어찌 어렵다 하지 않으리.

    다리 잘려 없는 사람이 비 오는 날
    없는 다리 아프다고 아우성이네.

7. 그저 그렇지

삶이 고달픈가. 그저 그렇지.
일이 고달픈가. 그저 그렇지.
새벽에 일어나기가 힘들지 않은가. 그저 그렇지.
공부가 힘들지 않은가. 그저 그렇지.
먹고살기 힘들지 않은가. 그저 그렇지.
요즈음은 좀 어떠한가. 그저 그렇지.
공부가 잘되는가. 그저 그렇지.
늘 하는 일에는 고달픔도 즐거움도 힘듦도 없이 그저 그런 것이다.
쉬운 일도 힘들다고 생각하면 고달프고 삶이 원망스럽지만, 어려운 일도 쉽다고 생각하면 그저 그런 것이다.
그저 그런 것에는 수행자가 늘 하는 일들이다.

목마르면 물 마시고 배고프면
밥 먹고 피곤하면 잠자지.

8. 무명(無明)

무엇이 어두움인가. 무명이란 밝음이 없는 것이다. 빛이라고는 조금도 없는, 이것이 무명이다.

눈으로 보이는 허상의 세계에 빛이 있다한들 허상을 보는 것일 뿐이다. 진실의 세계, 마음의 세계가 보이는 것은 아니다.

마음은 본래 밝아 빛이 없어도 우주를 밝히고 태양보다도 밝다. 티 없는 거울이 밝듯이 고요한 마음은 항상 밝아, 마음은 밝은 그대로인데, 한 생각 일어나면 잔잔한 물결에 파도가 일듯, 한 생각 일어나면, 탐욕과 진심이 일어나니 이것보다 더 큰 어둠은 없다.

그래서 한 생각 홀연히 일어나면 밝았던 마음이 그대로 껌껌해진다. 그래서 이것을 무명(無明)이라 한다.

컴컴하기가 계집년 구멍 같구나
천하를 삼키고도 남음이 있으니.

9. 늘 하는 일

속인은 늘 하는 일이 재미없다고 한다. 도인은 늘 하는 일이 즐겁다. 속인은 새로운 경계를 좋아하고, 도인은 경계에 끄달리지 않는다.

그래서 속인은 있는 그대로가 싫증이 나고, 도인은 있는 그대로가 그대로 좋다.

깊은 산사라고 고요한가? 번잡한 도심이라고 시끄러운가? 생각이 일어나면 깊은 산 속도 시끄럽고, 생각이 고요하면 도심이라도 고요하다.

입 다물어라 입 째질라
많이 걸으면 다리 아프다.

10. 항상 하는 일에 만족

인간은 새로운 것을 좋아하나 보다. 아무리 새것이고 좋은 것이라 해도 새롭지 않으면 싫증을 낸다. 헐고 낡은 것이라도 처음 대하는 것이 새것이 아닌 새로운 것이라면 호기심으로 좋아한다.

늘 하던 사랑도 늘 하면 멀미를 낸다. 그러나 하면 할수록 새로운 것이 있다. 그것이 무엇이겠는가.

고요함이다. 마음의 고요함이다. 몸과 마음에 충만함을 느끼는 고요함, 텅 비어서 채울 수 없는 고요와 충만…….

멍석 펴놓으면 하기 싫은 법
멀미해도 배타고 싶다.

11. 정구업진언

　입이 짓는 행위를 맑히는 참된 말이 정구업진언(淨口業眞言)이다.
　업(業)이란, 몸과 입과 생각이 짓는 행위이다. 구업(口業)이란, 입으로 짓는 행위로 온갖 말과 음식을 먹는 행위이다. 어떻게 구업을 맑힐 것인가?
　참된 말과 간절한 말, 복된 말, 칭찬의 말, 음식을 청정하게 먹는 것, 이것이 구업을 맑히는 일이지, '수리수리 마하 수리 수수리 사바하' 한다고 구업을 맑히는 것은 아니다.
　정말로 닦고 또 닦는 작업이 업을 맑히는 작업이다. 말에 따라 온갖 감정이 일어나므로 언어의 순화가 구업을 맑히는 일이다. 이것이야말로 진실된 진언이다.

　닦아도 닳지 않는 것이 있다
　입 닦고 마음 닦을 때.

12. 오분법신향(五分法身香)

계향(戒香),
정향(定香),
혜향(慧香),
해탈향(解脫香),
해탈지견향(解脫知見香), 이것이 오분법신향이다.

계향은 계율이 청정한 것이며, 정향은 고요한 경계이며, 혜향은 지혜를 얻음이요, 해탈향은 속박에서 벗어남이요, 해탈지견향은 본래 자유로움이다.

계향은 청정한 마음이며,
정향은 고요한 마음이며,
혜향은 지혜로운 마음이며,
해탈향은 집착하지 않는 마음이며,
해탈지견향은 집착할 것이 없는 마음이다.

한 조각 함이 없는 참답고 미묘한 향은
어디에 있느냐, 향내가 없구나!

13. 계율(戒律)의 청정함

살생하지 않고, 훔치지 않으며, 음행하지 않고, 거짓말하지 않고, 술·담배·고기 등, 오신채(五辛菜)를 먹지 않는다고 계율이 청정한가?

물론 이 정도면 청정하다고 할 수 있다. 계율의 청정은 음식의 조절에서부터 시작되는 것이다. 먹는 것에 대한 자유로움이란 아무것이나 막 먹어대는 막식을 이야기하는 것이 아니다.

먹는 것에 대한 자유로움은 음식을 청결하게 먹을 수 있는 마음의 자유로움이다. 음식을 절제하여 식욕의 조절을 자유롭게 하는 것이 먹는 것에 대한 자유이다. 이러한 먹음에 대한 절제의 자유가 있을 때 살생에 대한 자유, 도적질에 대한 자유, 음욕에 대한 자유가 있다.

진정한 청정한 자유는 마음의 공함을 깨달아 집착할 것이 없어 자유로움으로 얻어지는 것이 청정이다. 마음의 공함은 고사하고 음식도 조절을 자유롭게 못하여 당뇨병에 걸린 자가 율사로 있어 계를 설한다면 세상이 웃을 일이다.

고양이가 살생계를 설하고
물개가 음행계를 설하고
사기꾼이 망어계를 설하네.

14. 기가 막히구나

　혈기가 꽉 막히니 기가 막히구나. 벌써 갑이 돌아올 날 멀지 않아 정진이 더디니 기가 막히구나. 귀밑에 잔 서리가 기가 막히구나. 이마에 인생계급장이 너무나 짙으니 기가 막히구나. 어디를 가든 폐차 취급 설자리 없어 기가 막히구나. 오래 앉으면 오금이 저리니 기가 막히구나. 늙음이 속절없이 빠르니 기가 막히구나. 언제 죽을 줄 모르고 어디로 갈지 모르니 기가 막히구나.

　기(氣)가 막히면 피가 돌지 않는다. 기가 막히면 소화가 안 되고 피로를 자주 느끼며 기억력이 감퇴되고 일에 의욕이 상실된다. 또한 온갖 질병이 찾아온다. 생각이 맺히면 기가 막히는 것이다.

　근심·걱정·긴장·초조·두려움·고뇌 등이 기를 막히게 하는 주요 원인이 된다.

　막힌 줄 아니 다행이다.
　맺으니 막히는 것을.

15. 사생(四生)

사생이란, 알에서 태어나는 난생(卵生),
태에서 태어나는 태생(胎生),
습기에서 생기는 습생(濕生),
변화해서 생기는 화생(化生), 이것은 모든 생명체의 총칭이다. 이 모든 생명들은 어떤 이유에서 생기고 태어나는가?

하나님이 만들었을까? 어떤 주물주가 있어 창조한 것일까? 아니면 부처님이 만들었을까?

이 모두는 스스로 업에 의해서 만들어지고 변화하는 것이다. 진실된 창조주는 스스로의 업이다. 업은 스스로 짓는 행위로 오래된 생활의 훈습이다.

이 훈습은 자연의 생태의 변화에 따라 의식(意識) 속에 깊이 배는 것으로 자연 환경에 따른 진화와 퇴화를 거듭하는 것에 따라 천지와 동시에 생기는 것이다.

마음이 어리석으면 알에서 생기는 생명이 되고, 마음이 탐욕스러우면 태에서 마음이 음습하면 습기에서 마음이 삿되면 변화해서 생긴다. 모두가 마음이 짓는 그림자인 것이다.

찌든 때가 빠지도록 삶아라
머리털이 다 빠질 것이다.

16. 육도(六途)

육도(六途)란, 여섯 가지 윤회의 길이다.

천계(天界)는 28개의 천당인 하늘의 세계이며, 아수라계(阿修羅界)는 천상의 여러 신들의 세계이며, 인간계(人間界)는 말과 글을 쓰는 동물의 세계이다. 축생계(畜生界)는 온갖 짐승·곤충·벌레 등 동물의 세계이다. 아귀계(餓鬼界)는 굶주림에 떠 있는 영혼들의 세계이다. 지옥계(地獄界)는 온갖 고초를 받는 영적 세계이다.

이 모두가 마음이 짓는 그림자이며 어떤 절대자가 있어서 하느님이나 염라대왕이 보내는 것은 아니다. 모두가 스스로 짓는 마음의 영상처럼 제 스스로가 찾아가는 것이다.

다만 염라대왕이나 하나님이 있다면 제 스스로 찾아가는 길의 안내자일 뿐이다. 스스로 짓는 업에는 전지 전능이 없다.

복잡하니 한 생각 쉬어라
한 생각 쉬면 길이 없어진다.

17. 육취(六趣)

육취는 여섯 가지 취미이다. 지옥은 누가 보내는가? 염라대왕인가, 아니다. 사람으로는 누가 태어나게 하는가? 부처님인가, 아니다.

짐승으로는 누가 태어나게 하는가? 하느님인가, 아니다. 아수라는 누가 만드는가? 마귀들인가, 아니다. 천당은 누가 보내는가? 하느님인가, 아니다. 배고픈 귀신은 누가 만드는가? 도깨비가 만드는가, 아니다.

이 모두가 자기가 좋아서 만드는 것이다. 제 취미대로 만들어 가기 때문에 크게 여섯 가지 취미로 육취(六趣)라고 한다.

지옥에 가는 것도 취미요, 천당에 가는 것도 취미요, 사람과 동물로 태어나는 것도 모두가 자기가 지은 취미대로 가는 것이다. 그래서 취미를 잘 가져야 한다. 놀음하는 취미는 수라도에 가는 것이요, 개 취미는 개로 태어나는 것이다.

어깃장 놓기 좋아하는 놈
취미 한 번 고약하구나.

18. 사생자부 (四生慈父)

사생자부란, 사생의 어진 아버지이다. 태생·난생·습생·화생, 이것이 사생이다. 모든 생명과 영혼의 총체적인 이름들이다.

태생(胎生) : 태에서 나는 생명들,

난생(卵生) : 알에서 태어나는 것,

습생(濕生) : 습기에서 나는 것,

화생(化生)은 하늘·땅·귀신·영혼 천신 등으로 천당이나 지옥이 화생에 속하는 것이다. 하늘의 하느님도 화생이요, 지옥의 사자들도 화생이다.

사생의 어진 아버지는 누구인가? 예불문에 보면

'사생자부 시아본사 석가모니불'

사생의 어진 아버지 석가모니 부처님이다.

부처님이란 깨달은 마음의 실체이니 마음은 모든 것의 주인으로 사생의 주인이며 아버지이고 하나님의 아버지 지옥 사자의 어진 아버지이다.

너를 창조한 것이 신이라면
신을 창조한 것은 누구이냐?

19. 삼계도사(三界導師)

　삼계(三界)란, 욕계(欲界)·색계(色界)·무색계(無色界), 이것을 제도하는 스승이 도사이다. 욕계에 육도와 여섯 하늘이 있고, 색계에 열 여덟 하늘이 있고, 무색계에 네 개의 하늘이 있어 각기 거기에는 천주(天主)·천왕(天王)인 하느님이 있다.
　우리가 사는 태양계인 사바세계의 주인인 하느님은 대범천왕(天王)이요, 지구인 땅에 거주하며 백성을 다스리는 하느님은 제석천왕이다.
　세상을 보호하고 백성을 편안케 하는 하느님은 사방천왕이다. 이 삼계의 스승, 즉 하느님의 스승이 부처님으로 삼계의 도사라 하며, 사람과 하늘의 스승이라는 뜻으로 인천사(人天師)라 한다.

　참으로 민주적이다
　삼권 분립이 잘 되었군.

20. 구하지 말아라

믿으면 천당에 가고 믿지 않으면 지옥에 간다. 구하면 얻을 것이라는 감언이설(甘言利說)에 속지 말라.

지혜 없이 믿음이 지나치면 어리석음만 더해 가고, 믿음 없이 지식만 키우면 사된 견해만 늘어간다. 지혜 없는 믿음은 맹신으로 전쟁과 살상이 일어나고 암흑으로 이끌 뿐이다.

구하면 얻는 것이 아니라 구하면 괴로움만 더할 뿐이다. 진리를 아는 자는 구하라고 가르치지 않는다. 그냥 놓으라고 가르칠 뿐이다.

죽음 뒤에 남는 것은 천당과 지옥이 아니라 그대들이 평소에 지은 행위만이 남는 것으로 천당과 지옥도 그대들의 선택에 달려 있다.

절대로 구하지 말라. 구하면 괴로운 것이다. 그냥 놓아라.

암, 무지할수록 구하는 것이 많지
그래서 무지는 무척 괴로운 거야.

21. 지성(至誠)

지극한 정성은 신(神)과 같다고 한다. 지성여신(至誠如神)이라. 중용에 나오는 말이다. 신막신어지성(神莫神於至誠) 이 말은 황석공 소서(素書)에 나오는 말이다. 신이 없다고 하지 말아라, 정성이 지극하면 신이 있다는 이야기이다.

커다란 나무에 신이 있는가? 괴상하게 생긴 바위에 신이 있는가? 십자가에 예수가 있는가? 불상에 부처가 있는가? 신이나 영(靈)은 어디에서 생기는가?

나무에서 생기는가, 바위에서 생기는가, 물에서 생기는가, 불에서 생기는가.

옛날에 문고리만 잡고도 소원을 성취한 일이 있다. 문고리에 신이 있는가! 나무·바위·물·불 그 어디에서도 신은 생기지 않는다.

우리의 간절한 마음에서 신도 영도 생기는 것이다. 지혜로우면 부처를 만들고, 어리석으면 하느님을 만든다. 부처를 만들면 주인이 되고, 하느님을 만들면 노예가 된다.

정성이 지극한 것이 창조주야
눈(雪) 속에서 죽순 캐고,
얼음 속에서 잉어 낚지.

22. 꽉 차 있는 것

우주에 꽉 차 있는 것이 무엇일까. 공기일까 원소일까.

부처님은 깨달음의 지혜로 꽉 차 있고, 중생은 탐욕인 오욕으로 꽉 차 있다. 배고플 땐 식욕으로 꽉 차 있고, 고단할 땐 수면욕으로 꽉 차 있고, 배부르면 소유욕으로 꽉 차 있고, 정력이 넘칠 땐 성욕으로 꽉 차 있다.

어느 정도 차 있을 땐 명예욕으로 꽉 차 있어 이름을 걸고 싸운다. 개코만도 못한 명분으로 살상을 서슴지 않고 한다.

욕망이란 오래된 습성에서 오는 집착의 덩어리이다. 깨닫지 못하면 영원히, 욕망과 집착으로 꽉 차 있다.

빛도 삼키는 것이 있지 블랙홀,
집착의 어두운 구멍이다.

23. 육바라밀

보시(布施)는 베푸는 마음,
아끼고 인색함을 다스리는 것.
지계(持戒)는 청정한 마음,
오욕의 경계를 다스리는 것.
인욕(忍辱)은 너그러운 마음,
대상과 고통을 다스리는 것.
정진(精進)은 항상 하는 마음,
순수한 기운을 다스리는 것.
선정(禪定)은 고요한 마음,
번뇌의 산란함을 다스리는 것.
지혜(智慧)는 빛나는 마음,
무명을 밝히고 걸림이 없는 것.

비우면 여섯 가지가 다 이뤄지고
취하면 여섯 가지가 다 허사이다.

24. 탐욕이 보이는가

    탐욕은 몸 안에 있는 것도 아니요 몸 밖에 있는 것도 아니다. 탐욕이 본래 있는 것도 아니요 생긴 것도 아니며, 없어지는 것도 아니다.

    우리 마음이 우주에 꽉 차서 더할 수도 없고 뺄 수도 없듯이 탐욕도 꽉 차서 더할 수도 없고 뺄 수도 없다. 그런데 탐욕을 어떻게 버린다는 이야기인가?

    탐욕이 보이는 날, 그대는 참된 성품을 보리니, 보이는 그 순간 집착이 큰 덩어리라는 것을 깨닫게 되리라. 그래서 버리는 것이 아니다.

    그냥 놔두는 것이다. 다만 일으키지 않을 뿐이다.

    부증불감(不增不減)이요
    법계충만(法界充滿)이로다.

25. 성냄을 어떻게 다스리나

탐욕도 꽉 차서 더하지도 못하고 빼지도 못한다. 그런데 탐욕이나 성냄에 어떤 차이가 있겠는가. 모두가 마음에서 생긴 것이니, 이 또한 모양이나 실체가 없어 잡을 수도 만질 수도 버릴 수도 없다.

잘 관찰하면 성냄의 덩어리가 보이니 그때 어리석은 집착의 덩어리가 얼마나 큰 것인지 깨닫게 되리라.

그래서 한 생각 쉬게 되면 성냄도 쉬게 되리라.

어리석은 사람은 보여야 쉰다 하고
지혜로운 사람은 쉬면 보인다고 한다.

26. 어리석음

　한치의 앞도 모르는데 어찌 어리석다 아니하리요, 본래 마음이란 밝아 어리석음이 없음이니 무엇을 어리석다 하리요. 한 생각 일어나면 물결이 파도를 일으키고 본바탕이 흐려지는 것이니, 어두움을 어리석음이라 하는 것이다.
　어두움을 블랙홀이라 한다. 블랙홀에는 엄청난 중력이 있어 빛도 삼킨다고 한다. 빛을 빨아들이는 엄청난 중력은 무엇인가? 중력이란 응집의 힘이다. 응집이란 집착이다. 그래서 거대한 중력은 거대한 집착이다.
　집착이야말로 가장 큰 어리석음을 잉태하는 산물이다. 모든 것을 빨아들인다. 오욕은 빨아들이는 집착에서 나온다는 사실을 아는가?

　자석이 달렸나 왜 그렇게 끌어당겨
　자석이 없어도 끌어당기는 놈이 있지.

27. 명예(名譽)

이름을 남겨서 무엇하겠는가. 부처가 되지 않고 이름이 남은들 무엇하겠는가. 허공의 메아리만도 못하고 허공에 날아간 새 자취만도 못한 것을…….

이름이란 끈끈한 윤회의 사슬을 얽어 연결하는 매체가 될 뿐 마음의 깨침과는 하등에 관계가 없다. 왕후장상이 되어 이름이 남은들 그 영혼이 남는 것은 아니다.

이름이 크면 클수록 저승사자의 제일 타깃이 될 것이다. 이름 따라 좋은데 가는 것이 아니라 업에 따라 가는 것으로 명예란 새로운 집착의 큰 덩어리인 것이다.

실체가 없는 허황된 것이 명예이며 조금 지나면 오명(汚名)으로 남게 되는 수가 많다.

드날리던 명예를 가진 사람들 이름만 남았지 그들의 영혼은 구천을 맴도는 고혼이 되어 떠돌고 때에 따라서는 지옥의 고통도 받고 있다.

나는 새 공중에 발자취 없고
물가에 배 건넨 자취 없다
그러나 존재는 건너간다.

28. 효(孝)

무엇이 진정한 효도인가? 몸을 건강하게 하여 부모님께 걱정을 끼치지 않는 것도 효요, 공부 잘하여 출세하는 것, 부모님의 마음을 기쁘게 하는 것, 매일 아침저녁 문안 인사를 하는 것, 맛있는 음식을 수시로 봉양하여 부모님의 건강을 살피는 것 모두가 좋은 효이다.

또한 잠자리를 편안하게 해 주고, 말동무가 되어 심심치 않게 하고, 병간호를 잘하여 외롭지 않게 돌봐주는 것, 수시로 용돈을 잘 대는 것, 이 모두는 참으로 좋은 효다.

그러나 이것은 성인의 효는 아니다. 중생의 효요, 진정 괴로움에서 벗어나게 하는 효는 아니다. 진정한 효는 숙세(宿世)의 인연에 의해서 삼세(과거·현재·미래)에 의하여 이루어지는 것이다.

마음을 깨우쳐 주는 것이 커다란 효이고, 도를 이루어 삼세의 고통을 여의게 하는 것이 참다운 효이며, 사후(死後) 저승세계에서 여러 가지 고통을 받을 부모를 극락세계로 안내하는 효, 이것이 진정한 효가 아닌가?

부모님을 양어깨에 메고 수미산을
돈다 한들 은혜를 다 갚겠는가.

29. 밖을 향하면

복(福)은 누가 짓는가,
덕(德)은 누가 쌓는가,
도(道)는 누가 닦는가,
공(功)은 누가 드리는가,

복을 밖에서 구한다면 불행이요, 덕을 밖에서 쌓는다면 불행이요, 도를 밖으로 닦는다면 불행이다. 공을 대신 드린다면 이것도 불행이다.

대상을 쫓는 것은 꼭두각시를 쫓는 것과 같은 것이다. 항상 자신의 내면 속에 모든 것이 있다는 것을 알지 못하면 불행이다. 복은 말과 행위로 짓는 것이요, 덕은 마음과 행실에서 나오는 것이요, 도는 몸과 지혜로 닦는 것이다. 공은 말과 행위와 뜻을 한데 모아 드리는 것이다.

나방이 불빛 쫓다 타 죽고
이태백 달빛 쫓다 빠져 죽다.

30. 한탄하지 말라

복 없어 못산다고 한탄하지 말라, 덕 없어 존경받지 못한다고 한탄하지 말라, 몸이 허약하여 건강치 못하다고 한탄하지 말라, 못생기고 인물이 없다고 한탄하지 말라.

이 모든 것은 자기 자신이 만든 것으로 누구의 잘못도 아니다. 그러므로 한탄할 것이 없다.

조물주가 있어 만든 것이 아니다. 운명이다, 숙명이다 하는 것도 자신이 만든 것으로 누가 만들거나 주는 것이 아니다.

그래서 자기가 만들고 자기가 받는다고 하는 것인데, 한탄해서 무엇하랴. 못난 사람은 세상을 한탄하고 세월을 한탄하고 부모를 한탄한다.

한탄할 시간에 성실하라. 한탄한다는 것 자체가 또 다른 욕망이며, 또 다른 원망이며, 또 다른 질투이다.

그냥 있는 대로 즐겨라.

땅 꺼질라, 숨소리 죽여라
숨소리 크면 불난다.

31. 운명(運命)과 숙명(宿命)

운명이란, 목숨을 운전해 간다는 뜻이다. 운전해 가는 것은 누구인가?

숙명이란, 목숨이 잠잔다는 뜻으로 생명의 진원이 재적으로 윤회하는 뜻이다.

운명은 정해져 있는 것이 아니니 본인이 운전하기에 따라 나쁜 길도 살펴 갈 수 있고, 좋은 길을 택해 갈 수 있다. 병약한 사람은 운전을 잘하면 건강하게 살 수 있고, 건강한 사람도 운전을 잘 못하면 병들어 허약하게 골골하고 산다. 명을 운전해 가는 것은 본인이다.

그래서, 오래 살 수도 있고 일찍 죽을 수도 있다. 그러나 속인의 삶에는 한계가 있는 것이다. 모든 생명은 반드시 죽는다. 이것이 숙명인 것이다.

도인은 생명을 얼마든지 연장할 수 있다. 그래서 도인은 숙명까지도 바꿀 수 있는 것이다. 그러니 어찌 도를 닦지 않겠는가. 도는 유전인자의 변형까지도 자유롭게 할 수 있는 것이다.

잘 살고 못 살고, 잘 나고 못난 것도 자신이 만드는 것이다. 복을 지으면 잘 살고 겸허해도 잘 산다. 마음이 너그러우면 덕스럽게 관상이 변하여 잘 생겨진다.

마음 잘 쓰기에 따라 환경도 변하고 인품도 변하고 모두가 변하는 것이다. 그래서 운명이나 숙명은 관상 사주에 있는 것이 아니라, 과거로부터 본인이 만들어 놓은 마음의 잔영이 지금에 관상과 사주로 나타난 것이다.

모든 것은 그래서 마음이 만드는 것이다.

소를 때려야 마차가 잘 가지
마차 때린다고 소가 잘 가냐.

32. 공부(工夫)

공부해라, 공부해, 이 세상에 둘도 없는 법.

공부해라, 공부해. 참 마음 깨치는 법. 진리의 부처님 법. 만나기 어려운 법. 위없이 높은 부처님 법. 한 번 잃으면 다시 찾기도 어렵고 만나기도 어려운 것이다.

우리가 이 세상에 언제 다시 오겠다고 약속이나 했던가. 한 번 잃으면 찾기 어려운 것이 마치 배 타고 가다 보물을 물에 빠뜨린 것과 같다.

누가 이 보물을 찾아줄 것인가. 아무도 못 찾는다. 본인만이 찾을 수 있는 것. 그래서 공부해야지.

공(工)은 하늘과 땅을 잇는 것이요, 부(夫)는 하늘 천(天)에 뿌리 달렸으니 하늘을 뚫고 나가는 것이다. 그러므로 우주를 주관하고 만유(萬有)의 주인이 되며 하늘과 사람의 스승, 즉 인천(人天)의 스승이 되는 것이다. 그러니 이 좋은 공부를 왜 하지 않겠는가. 공부를 하고 싶어도 공부는 몰라서 못하고, 알아도 복이 없으면 못하고, 시절 인연이 도래치 않으면 하기 어려운 것이다.

열심히 노력을 해도 만나기 어렵고 하기 어려운데 어찌 노력을 않고 공부가 되길 바라겠는가? 이 좋은 공부 왜 하지 않는가.

공부 잘하면 하느님 아버지 되고
공부 못하면 하느님 노예(종) 된다.

33. 믿음 : 신(信)

믿음은 만 가지 행을 이루는 공덕의 어머니이다. 모든 행위는 믿음에서 시작이 된다. 의심이 생기면 맛있게 마시던 물도 마실 수가 없는 것이다.

그래서 믿음은 모든 실천의 밑거름이 되는 것이요, 신앙과 종교에 있어서는 더욱 강조되는 부분이다. 신앙과 종교에 있어 교조의 말씀을 믿지 못한다면 어떻게 될까. 믿음은 모든 것을 성취시키는 엄청난 에너지이다. 믿음에 따라 모든 것은 바뀐다. 믿음에 따라 마귀가 선신이 될 수도 있고, 선신이 마귀로 둔갑할 수도 있다. 믿지 못하면 아무것도 할 수 없는 것이다. 성불을 하는 근본도 믿음만치 중요한 것은 없다.

세상사의 모든 일이 믿음에서 시작되는 것이다. 그 믿음의 근본은 무엇인가. 바로 말씀으로써 이루어지는 것이다. 그래서 사람 인(人)에 말씀 언(言)이 합쳐진 것, 이것이 믿을 신(信)이다.

믿음은 약속(約束)이다. 중국의 미생은 다리 밑 기둥에 몸을 묶고 죽었다. 바로 믿음 때문이다. 약속이란 글자는 묶을 약(約)에 묶을 속(束)자이다. 약속이란 죽음과도 같은 것이다.

믿음 또한 이와 같다.

세간(世間)의 약속도 이와 같은데 하물며 수행인의 약속은 어떠해야 할까? 수행자의 약속은 바로 법이어야 한다. 속인도 약속을 잘 지키는데 수행자가 약속을 못 지키는 것이 아니라 안 지킨다면 가장 큰 사기이다.
  만인이 수행자의 말을 믿지 못할 때, 세상은 어지럽다. 그러니 누구의 말을 믿는다는 말인가? 수행인의 말은 진실돼야 하는 것이다.
  약속도 못 지키는 중이 계(戒)를 설한다고 율사(律師) 노릇을 한다면 부처님 법은 더욱 탁해지는 것이다. 그래서 지금은 말법시대이다.

  미생의 죽음이 어찌 헛되었겠나
  만고에 믿음의 징표가 된 것을…….

34. 삼보(三寶)

  세 가지 보배가 삼보이다. 인간의 가치관에 따라 보배는 달라질 수 있다. 그러나 가치관과 관계없는 것이 있으니, 하늘에는 해와 달과 별이요, 땅에는 물과 불과 바람이요, 쇠에는 금과 은과 구리요, 곡식에는 쌀·보리·콩이요, 사람에겐 정(精)·기(氣)·신(神)·진리엔 불(佛)·법(法)·승(僧)이다. 이 중에 가장 귀한 것이 있으니 마음의 삼보이다.
  청정한 마음이 계보(戒寶)요,
  고요한 마음이 정보(定寶)요,
  지혜로운 마음이 혜보(慧寶)이다.
  우주의 삼라만상은 모두가 마음이 만들어 내는 것이니
  이 어찌 마음의 보배를 모르랴.

  보배라고 집에 숨겨 두는 것 아냐
  보배라고 모양이 있는 것도 아냐.

35. 미소(微笑)

 얼굴을 찡그리는데 보기가 좋구나, 얼굴을 찡그려야만 웃을 수 있는 미소는 중생의 미소요, 얼굴의 모양이 일그러질 대로 일그러져 웃는 웃음을 파안대소(破顔大笑)라고 하지 않던가.
 정작 웃지 않는 미소가 있으니 부처님의 미소이다. 눈은 감은 듯 실눈을 뜨고 입은 다문 듯 초승달같이 누가 천년의 미소라 했는가. 영겁토록 변함 없는 미소인 것을. 주름살 하나 없는 웃음은 신기하고도 묘하구나. 찡그리지 않고 웃을 수 있는 미소 참으로 절묘하구나. 부처님만이 웃을 수 있는 미소이겠지.

 갓난아기 웃을 때
 어디 주름지더냐.

36. 불상(佛像)

아직도 불상에 절을 하는가. 누가 불상에 부처님이 계신다고 하던가? 마음의 부처를 보아야지.

그러나 불상에 부처님이 계시지 않다고 고개 쳐들고 숙이지 않는 자는 누구인가? 아만과 중상만이 가득하구나.

정성스러운 마음, 지성스러운 간절한 마음, 이 속에 부처님이 계시니 부처님은 항상 우리의 마음과 같이 우주법계에 충만하여 계시지 않은가!

불상은 정성과 지성이 겹쳐진 마음의 표상으로 정성을 드리는 순간, 불상을 쳐다보는 순간 부처님은 우리의 마음에 이미 와 계시는 것이다.

내 마음에 정성이 간절하면 내 마음과 불상에 부처님이 계시고, 내 마음이 정성스럽지 못하면 그 어느 곳에도 부처님은 계시지 않는다.

자비의 미소를 보는 순간 그대의 마음엔 이미 부처님이 계시나니…….

잠잘 때 부처님 품에 안고 자고
일어날 때 부처님과 같이 일어난다.

37. 도(道)

평상심(平常心)이 도라 했던가, 평소에 먹는 마음이 어째서 도인가?

도(道)란 길이다.

어떠한 것이 길인가. 몸과 마음이 함께하는 행위, 이것이 길인 것이다. 행위는 훈습에서 이루어지는 것으로 훈습은 생각이 행동으로 이어진 오래된 습관이다.

그러니 마음 잘 쓰는 것이 진정한 참다운 길인 도(道)인 것이다. 마음을 잘 쓰려면 순수한 기운이 모여야 한다. 이 순수한 기운은 어떻게 모이는가? 순수한 기운은 정(精)에서 쟁기는 것이다. 순수한 기운, 즉 정(精)이 머리로 가면 도인(道人)이요, 순수한 기운이 탁해져 아래로 가면 중생이다.

배[辶]가 머리[首]를 싣고 가는 것. 머리[首]로 배[辶]가 가는 것. 이것이 도(道)이다. 도는 마음을 다스림이요, 덕은 몸을 다스림이다.

부처님 육계요 보살님 화관이다
흰 눈이 훨훨 어지럽게 날고
머리에서 돌 구르는 소리가 난다.

38. 덕(德)

마음의 청정함에 따라 몸 속에 기운의 흐름이 덕이다. 열[十] 네 가지[四] 길[彳]이 한[一] 마음[心]으로 돌아가는 것이 덕(德)이다. 심장·간장·비장·폐장·신장·심포 등 오장의 음경(陰經)과 담·위·소장·대장·방광·삼초 등 육부인 양경(陽經)과 임맥·독맥이 합쳐진 것이 14개의 경락이다.

우리 몸은 복잡한 길로 연결되어 심장으로 흐르고 있다. 몸을 잘 다스리고 청정한 것이 덕상(德相)이 있다고 하는 것이다. 모든 경락이 심장으로 돌아가듯 모든 행위와 행동이 한마음에서 시작되고 한마음으로 돌아간다.

밤 깊어 용이 울고 호랑이 휘파람 불 때
잠시도 쉬지 말고 물 멍에를 급히 올려라.

39. 복(福)

　재주가 있어도 복이 없으면 못살고, 덕이 많아도 복이 없으면 못살고, 지혜가 있어도 복이 없으면 못살고, 지위가 높아도 복이 없으면 못살고, 학문이 많아도 복이 없으면 못산다.
　부처님은 복(福)과 지혜를 모두 갖추어 양족존(兩足尊)이라 한다. 즉 두 가지가 모두 만족스럽다는 뜻이다. 복은 어디서 오는가.
　복은 말에서 오고 겸양에서 온다. 말 한마디에 천 냥 빚 갚는다는 뜻도 입에서 나오는 소리다. 입과 혀는 재앙과 우환의 문이며 몸을 망치는 큰 대문이라 했다.
　그래서 복은 입에서 나오는 것으로 복 중에 가장 큰 복이 염불(念佛)복이다.
　'示' 이 글자는 신에게 빈다는 뜻이다. 한[一] 입[口]으로 밭[田]을 빈다. 福은 바로 이것이다. 한 입으로 밭을 비는 것은 입을 맑히는 정구업진언(淨口業眞言)이다.
　염불 만한 복이 없다. 염불을 할려면 정구업을 해야 한다. 염불은 말에 정성스러움이 있다. 염불은 말에 힘이 있다. 염불은 운명을 바꾸는 힘이 있다.

　준제의 공덕은 고요할 때 나오는 것
　일체의 모든 재난이 없어진다.

40. 연구(研究)

　사물을 깊이 생각하거나 상세히 조사하여 진리를 밝히는 일을 연구라고 한다. 무엇이 진리인가?
　진리는 밖을 향하여 있는 것이 아니다. 우리의 내면의 세계에 있는 것이다. 그래서 구멍 혈(穴)자에 아홉 구(九)를 합친 것이 연구할 구(究)이다. 아홉 개의 구멍인 눈·귀·코·입·곡도·요도를 잘 연마하는 것이다.
　즉 우리의 육신을 잘 연마하는 것이 참다운 연구이다. 우주의 신비를 캔다고 한들 우리의 몸과 마음을 연마하는 것만 하겠는가? 하늘을 나는 재주가 있어도 마음 다스리는 것만 하겠는가?
　모든 것은 마음에서 이루어지는 것이다.

　　중생은 한 구멍에 빠지고
　　도인은 아홉 구멍을 다스린다
　　심화(心火)로 정련(精鍊)하라.

41. 공(空)

공(空)은 아무것도 없는 무(無)가 아니다. 우주에 꽉 차서 충만하며 빈 틈이 없다. 진실로 깊고 오묘한 이치가 있는 것이 공(空)이다.

구멍[穴]에 장인[工]이 있는 것이 空이다. 허공에서 오묘한 모든 물질이 있는 구멍인 하늘과 땅 사이를 법도에 맞게 하는 것이다. 이것이 참다운 空이다.

공(空)은 에너지이며, 정신이며, ○이다. 물질의 근본이기에 진공묘유(眞空妙有)라 한다. 참된 공에는 묘한 것이 있다. 참 마음의 세계, 신의 세계, 보이지 않는 진리의 세계이다. 허무(虛無)하게 비어 있는 것이 공(空)이 아니다.

충만하여 오고 감이 없다. 그래서 색즉시공(色卽是空) 공즉시색(空卽是色)이라 한다. 참다운 공의 세계을 어떻게 맛볼 것인가? 불[火]은 차고 물[水]은 덥다. 수련을 하면 공의 맛을 보리라.

숨쉬고 마시는데 무슨 맛이 있겠냐
구멍을 잘 닦으면 맛을 느낄 것이다
삼계가 숨쉬며 풀무로 담금질한다.

42. 색(色)

　색이라고 하면 흔히 남녀의 애정 행각을 하는 이성(異性)의 쾌락적 대상을 생각하는 경우가 많다. 색은 물질도 아니요, 이성도 아니다. 색은 에너지의 파장이요, 물질적인 에너지의 결정을 말하는 것이다.
　에너지인 힘의 물질적 파장으로 구성 성분에 따라 일어나는 것이니, 혹자는 그래서 물질이라고도 한다. 색즉시공(色卽是空)이란 바로 이런 뜻이다.
　물질은 에너지이며, 에너지는 보이지 않는 것이다. 정신도 보이지 않는 것과 같이 마음이 우주를 만들고 마음이 우리의 몸을 만들 듯 색은 곧 공이며 공은 곧 색이다. 그렇다고 변한 것은 없다. 그대로 여여(如如)하다.

　푸른 골 깊은 곳에 안개가 일어나니
　산천의 기백은 하늘을 덮는 구나.

43. 정신(精神)

　정신이 마음인 것 같으나 엄밀히 따지면 마음은 아닌 것이다. 마음의 작용이라고나 할까. 육체의 활동 작용이라고나 할까? 마음의 작용은 볼 수 없고 육체의 활동은 볼 수 있다.
　육체 혼자의 작용은 아니다. 정신은 육신과 마음의 연결 작용이다. 기운이 끊겨 정신이 없는 사람을 기절(氣絶)했다고 한다. 한의학에서 신장(腎臟)을 정(精)이라 하고 심장(心臟)을 신(神)이라 한다. 신장의 물기운과 심장의 불기운이 서로 왕래교차 했을 때 정신이 있다고 하는 것이다.
　그래서 정신력을 좋게 하려면 육신을 튼튼하게 해야 한다. 건전한 육체에 건전한 정신이 깃든다고 하는 이야기가 바로 이것이다. 흐르는 물은 썩지 않는다.

　솥은 솥인데 쇠로 된 솥이 아니요
　화로는 화로인데 옥으로 된 것이 아니다
　불을 잘 피우니 온 몸이 따듯하다.

44. 영혼(靈魂)

　영혼·영·신·신령·귀·귀신·넋 이런 것들은 같은 것인가, 다른 것인가. 모두가 인간의 깨닫지 못한 마음인 생각의 집착 덩어리 이다.
　아버지·아빠·아범·엄부·엄친이라고 불러도 똑같은 아버지인 것같이 영혼의 이름들도 똑같은 것이다. 다만 상황에 따라 달리 불렀을 뿐이다. 그러면 영혼의 모양은 어떠한가? 마음에 모양은 없으나 마음이 일으킨 대로 모양을 드러낸 것이 우리의 몸이다.
　영혼도 모양은 없으나 평소에 몸에 배인 습관에 의해 모습을 나타내는 것이니 그 사람의 인상 깊은 모습이다. 마음이 밝아지면 영혼도 밝아져 평소의 모습보다 아름다운 것이다.
　이 세상이나 저 세상에서도 마음 쓰기에 따라 모습이 바뀐다. 그래서 마음을 잘 써야 한다. 명월은 본래부터 밝지 않다.

　사무친 한을 놓아라 한이 귀신이다
　여인의 한은 오뉴월에 서리 내린다.

45. 상심(上心)

사전에는 상심(上心)이라는 말은 없다. 상심(喪心)·상심(傷心)은 있지만, 마음에 위 아래가 어디 있으며, 마음에 동서남북 방위가 어디 있으며, 마음에 넓고 좁음이 어디 있으며, 마음에 크고 작음이 어디 있겠는가?

그러나 생각을 일으키기에 따라서 일으킨 분상에 따라 여러 가지 모습이 나타나는 것이다. 한 생각 욕심이 일어나 불기운이 위로 솟으면 기운이 상기(上氣)됨을 상심(上心)이라 한다.

생각이 일으킨 분상의 열기가 위로 치솟으면 마음을 상하게 됨으로 상심(傷心)이라 한다. 상심(傷心)이나 상심(喪心)은 같은 뜻이다.

이것은 참다운 마음이 아니다.

욕심은 어떠한 욕망이든 흥분을 일으키고 심장의 박동이 빨라지고 불규칙해져 불기운을 위로 치솟게 하는 것이다. 위로 치솟는 마음이 상심(上心)이니, 모든 욕심으로 심장을 상하게 되고 위로 솟은 불기운으로 얼굴이 붉게 만들어 노기(怒氣)를 띠게 하고 관상을 변하게 하여 운명을 어지럽게 만든다.

이것은 마음의 불[火]이라는 것이 자신을 태우고 우주를 태우며 모든 것을 태운다.

빈 솥에 불을 때면 어떻게 될 것인가? 솥이 깨지겠지, 속에서 타는 마음의 불을 어떻게 끌 것인가? 물 수레를 급히 끌어 올려라! 신장에 있는 물기운으로 심장의 불기운을 꺼라.

수승화강(水昇火降)이 안 되어서
마음의 불을 못 끄는 것이다.
땔감도 없는데 어찌 헛 불만 피는고.

46. 하심(下心)

하심이란 집착을 놓은 마음이다. 마음에 방위가 없고 크고 작음이 없다고 했거늘, 어떻게 마음을 아래로 쓸 것인가?

겸손·겸양·겸허 등이 하심인가? 하심이란 항심(降心)과 같은 것이다. 마음을 항복 받는다는 뜻이 항심인데, 마음을 어떻게 항복 받을 것인가?

마음의 공(空 ○)도리를 모르면 다생 겁 동안 지어온 습관에 의하여 일으키는 생각의 분상에 따라 행동을 하기 때문에 항복 받기도 어렵고 하심도 어렵다.

마음이란 생명의 불이다.

이 생명의 불을 아래로 끌어 내려라! 이것이 진정한 하심이다. 이렇게 되면 남녀노소 할 것 없이 겸허해지고 존중해진다. 솥에 가득한 물이 가득해도 끓여야 하고, 끓지 않으면 못 끌어 올린다.

빈 솥에 불을 때면 괜히 헛수고만 한다. 끓는 물이 위로 가고 찬물은 아래로 가면 불타는 마음은 저절로 꺼지는 것이다.

그렇게 되면 모두가 사랑스럽고, 여유로우며, 측은하며, 인자해진다. 위 아래로 잘 돌아가니 막힘이 없다.

욕심을 놓으면 불이 아래로 내려간다.
솥에 가득한 물 잘 데피니 김이 잘 오른다.

47. 부증불감(不增不減)

늘지도 않고 줄지도 않는 것이다. 늘일 수도 없고 줄일 수도 없는 것, 늘게 할 수도 없고 줄게 할 수도 없는 것, 이것이 부증불감이다.

이미 충만하여 늘게 할 수도 없고, 이미 텅 비어 줄게 할 수도 없는 것이다.

무엇이 충만한가?

우리의 안팎이 없는 마음은 안팎이 없는 우주에 충만하여 모두를 함용하고 있다. 우리의 마음은 텅 비어 안팎이 없고 실체의 모양을 볼 수가 없다.

이 마음이 탐욕스러우면 온 우주는 탐욕으로 꽉 차서 더할 수도 없고 뺄 수도 없다. 이 마음에 진심을 일으키면 마음에 진심이 꽉 차서 더할 수도 뺄 수도 없다. 마음에 사랑을 일으키면 사랑으로 꽉 차서 더할 수도 없고 뺄 수도 없다.

그래서 한 생각 일으키면 세계가 일어나고, 한 생각 쉬면 세계가 쉰다. 우리는 이미 충만한 것을 무엇으로 채울 것이며 이미 텅 비어 있는 것을 무엇으로 비울 것인가? 고기가 물 마시는 것 같다.

육 칠십 늙은 과부 외자식 잃은 뒤
자식 생각으로 꽉 찼구나.

48. 감로(甘露)

달기가 꿀 같고 맑기가 이슬 같은 것, 이것을 감로라 한다. 이 감로는 하늘에 있는 것도 아니요, 그렇다고 땅에 있는 것도 아니다. 흐르는 냇물도 아니며, 땅속에 스며 있는 샘물도 아니다.

성현의 말씀을 감로라고도 하지만, 이것도 진실한 의미의 감로는 아니다. 진정한 감로는 자신의 몸 속에 있는 것이다. 온 몸의 기혈이 원활할 때 입 안에서 박하향이 나며 꿀보다 더 단 침 아닌 침이 흘러 목젖을 타고 내린다.

이것의 달기는 직접 맛을 보아야 안다. 이때의 황홀감을 누구에게 말할까. 이때의 몸의 컨디션을 무어라 표현할 것인가?

태양 문 아래가 항상 서늘하고
밝은 달 앞이 항상 덥더라.
향홀연하고 황홀연하다.

태양 문과 밝은 달은 어디인가
고기가 물 마시는 것같이 하며
차고 더운 것을 밑으로 맛보라.

49. 마음의 자유

다니고 멈추고 서며 앉고 눕는 것. 어느 것 하나 고통이 따르지 않는 것이 있겠는가. 마음이 자유롭게 할 수 있는 것은 참는 것이다. 고통을 참는 것도 마음만이 갖고 있는 마음의 걸림 없는 자유이다.

가려움을 참는 것도 마음만이 갖고 있는 마음의 걸림 없는 자유이다. 육체의 욕망을 누르는 것도 마음만이 갖고 있는 마음의 걸림 없는 자유이다. 마음의 걸림 없는 진정한 자유는 아픈 것을 참는 힘. 육체의 본능적 충동을 제어시킬 수 있는 것이 마음의 걸림 없는 진정한 힘이며 신통 묘용이다.

기상천외한 발상이 마음의 걸림 없는 자유는 아니다. 진정한 마음의 자유는 감정을 잘 조절·억제·순화하는 것으로써 참으로 마음의 걸림 없는 자유이다.

엿장수 가위 치는 신통을 아는가
엿장수 마음대로야 알겠는가!

50. 신통 묘용

　배고프면 배고픈 줄 아는 놈을 아는 것이 신통 묘용이요, 똥 마려우면 똥 눌 줄 아는 놈을 아는 것이 신통 묘용이요, 졸리면 잠잘 줄 아는 놈을 아는 것이 신통 묘용이다.
　일어나면 일어날 줄 아는 놈을 아는 것이 신통 묘용이요, 걸어 가면 걸어 갈 줄 아는 놈을 아는 것이 신통 묘용이며, 눈으로 보면 볼 줄 아는 놈을 아는 것이 신통 묘용이다. 귀로 들으면 들을 줄 아는 놈을 아는 것이 신통 묘용이며, 냄새나면 냄새를 아는 놈을 아는 것이 신통 묘용이다. 맛을 보면 맛을 볼 줄 아는 놈을 아는 것이 신통 묘용이며, 행(行)·주(住)·좌(坐)·와(臥)·일체처 일체시에 작용하는 놈을 아는 것이야말로 진정한 신통 묘용이 아니고 무엇이랴.
　일체 중생이 배고프면 먹고 똥마려우면 똥 누고 피곤하면 잘 줄 알고 눈뜨면 볼 줄 아는 이것들이 어찌 신통하지 않으리!

　거문고 치니 묘한 소리가 나는구나
　소리가 손끝에 있는가, 줄에 있는가.

51. 한 번 앉으면 그만

　마음에 취하고 집착하지 마라. 한 번 버리면 그만이다.
　다시 주어 담지 마라. 한 번 앉으면 그만이다. 조금이라도 움직이거나 아프다고 자세를 바꾸는 것도 생에 대한 집착이다.
　편안함을 취하려는 마음, 이 또한 버려라. 버려도 버려도 생기는데 어찌 버리려 들지 않는가? 삶도 버리니 죽음도 버려진다. 삶도 버리고 죽음도 버리는데 무엇을 또 버리리. 버리니 삶도 없고 죽음도 없다.

　푸른색은 푸른 빛 나고
　누른색은 누른 빛 난다.
　이것이 본래의 자연이니
　여기에 어떤 집착이 있으리.

　실을 바늘귀에 꽂을 때같이
　자리에서 움직이지 마라.

52. 거울에 무슨 허물이 있으랴

거울 속의 모양이 허상인 줄 알면 이 몸도 허상인 줄 알아야 한다. 거울 밖의 모양들이 실상이라면 거울 속의 모양들도 실상이어야 한다.

본래 거울이 없어 비쳐질 것도 없지만 허공 속에 갖가지 모습을 드러내듯 마음속에 갖가지 모습이 드러난다. 모양 없는 마음이 실상이며, 모양 있는 이 몸은 허상이다. 마음이 그려 낸 이 몸도 허상인데, 꿈속에 비쳐진 이 몸이 어찌 허상이 아니랴.

모양 없는 마음이 그려 낸 모양이 이 몸이요, 이 몸이 만들어 낸 모양 없는 실상이 영원히 간직할 업력(業力 : 습관)인 것이다. 잘생기고 못생긴 것도 업력 속에 비쳐진 모습이니, 거울이 무슨 잘못이 있으랴.

잘생기고 못생긴 것이 업력 속에 비쳐진 모습이니, 이 몸에 무슨 허물이 있으랴. 업력(業力)은 마음 쓰기 따라 나타난 모습이니 웃는 마음 웃는 얼굴이요, 찡그린 마음 찡그린 얼굴이다.

놀란 마음 놀란 얼굴이요, 즐거운 마음 즐거운 얼굴이다. 성난 마음 붉은 얼굴이며, 기쁜 마음 맑은 얼굴이다. 건전한 마음은 건강한 얼굴이며, 병든 마음엔 병든 얼굴이다.

마음은 부처님도 만들고, 마음은 하느님도 만들고, 마음은 도깨비도 만들고, 마음은 마구니도 만든다.

그믐달과 초승달은 모양이 같은 것
같으나 다르다. 보름달은 하루에
둥글어지지 않는 것이다.

53. 견해(見解)

견해에는 두 가지가 있다. 정견(正見)과 사견(邪見)이다. 이치에 맞게 바르게 보는 것은 정견이요, 이치에 어긋나게 사되게 보는 것이 사견이다. 안과 밖을 구분하는 흑백논리는 사견이며, 진리에는 안팎이 없고 흑백이 없어 평등하게 보는 것은 정견이다.

색맹이 색깔을 못 보듯 사견자는 진리를 못 본다. 청정하지 못하면 간절함이 없는 것이요, 간절하게 믿는 마음에 어찌 사견이 있겠는가! 대가를 바라고 구원을 바라는 믿음은 사견이니 어찌 청정하다 하리요.

믿으면 천당 가고, 믿지 않으면 지옥 간다. 이것은 사견 중에 가장 큰 사견이다. 밖을 향하여 모양을 찾는 것은 사견이니 어찌 깨침의 참 맛을 보겠는가?

우리의 마음에 안팎이 없듯이 바르게 보는 마음은 집착하지 않는다.

눈이 두 개가 달렸다. 한 눈으로 보지 마라
원숭이 거울 속에 제 모습 보고 놀라네.

54. 예경

막히고 풀리는 일 나에게 달렸으며, 잘살고 못사는 일 복 짓고 근면 절약에 달려 있다.

어느 하느님이 심술 있어 절약하는 자 못살게 하겠으며, 어느 하느님이 관용 있어 낭비하는 자 잘살게 하겠는가. 두 손 모아 합장하면 만인이 친절하고, 허리 굽혀 인사하면 거지도 좋아하고, 무릎 꿇고 절을 하면 천신이 옹호한다.

내 마음 낮추는데 절보다 더 좋은 것이 어디 있겠는가. 어리석고 못난이는 절을 우상이라 하지만 자신을 낮춰 마음 닦는 일 중에 절만한 것이 어디 또 있을까?

벽에 귀가 있고 허공에 눈이 있다
보이건 보이지 않건 항상 지켜본다.

55. 천지가 생기기 전에 있던 것

　마음·생각·의식 등은 같은 뜻인가, 다른 뜻인가. 몸·신체·육체·체구·육덕은 같은 뜻인가, 다른 뜻인가. 영혼·영신·신령·혼·귀신은 같은 뜻인가, 다른 뜻인가.
　송장·시체·사체·시신 등은 같은 뜻인가, 다른 뜻인가. 마음이 일어나면 생각도 되고 의식도 되는 것이다. 몸을 여러 가지 이름으로 부르듯 죽은 시체도 여러 가지로 부른다. 육신을 떠난 깨닫지 못한 마음의 덩어리를 영혼 등으로 부르듯 영혼 등은 마음에 따라 변하는 것이다.
　마음이나 영혼은 죽는 것이 아니다. 영혼은 마음의 집착 덩어리이므로 상황에 따라 변화한다. 그래서 마음도 죽는 것이 아니고 생기는 것이 아니다.
　하늘과 땅은 생기고 멸함이 있으나 마음은 천지가 생기기 전에 있었고 천지가 없어진 후에도 있는 것이다.
　그래서 모든 것은 마음이 만드는 것이다.

　하나 더하기 하나가 '하나' 되는 것
　하나 더하기 하나가 '둘이' 되는 것.

56. 사람 노릇(구실)

　사람이 사람 노릇(구실)을 해야 사람이고, 중이 중 노릇(구실) 해야 중이고, 부처가 부처 노릇해야 부처이다. 일체 중생이 모두 견성을 했지만, 부처 노릇(구실)을 못해서 사람은 사람, 귀신은 귀신, 축생은 축생으로 각기 노릇을 하며 산다.
　사람이 부처 노릇을 하면 부처님이요, 사람이 보살 노릇을 하면 보살님이요, 사람이 귀신 노릇을 하면 귀신이요, 사람이 개 노릇하면 개와 마찬가지요, 사람이 개보다 못하면 개만도 못하다.
　아! 우리는 무슨 노릇을 했는가? 인간으로 이생에 와서 자식으로 태어나 자식 노릇을 해야 하고, 결혼하여 남편·아내 노릇을 해야 하고, 자식 낳아 부모 노릇을 해야 하고, 형제간에 형 노릇 동생 노릇하고, 배움에는 제자 노릇해야 하고, 가르침에 스승 노릇해야 하니 직장에서 어떤 노릇을 했는가?
　참으로 나는 무엇 하나 제대로 노릇한 것이 없다. 통탄하고 애달프도다! 이 많은 노릇 중에 어느 노릇을 제대로 했는가?
　사람으로 태어나 인의예지신(仁義禮智信) 제대로 못 갖추고 부모님 몸 빌려 자식 노릇 제대로 못했고, 형제간에 동생 노릇·형 노릇 제대로 못했고, 친구간에 의리 있게 못했고, 친척 간에 우애 있게 못했고, 결혼하여 남편·아내 노릇 제대로 못했고, 자식 낳아 아비·어미 노릇 제대로 못했고, 직장에서 직장 생활 제대로 못했고, 제자로서 제자 노릇 제대로 못했고, 스승으로서 스승 노릇 제대로 못했고, 무엇 하나 제대로 노릇한 것이 없도다.

애달프고 슬프고 통탄스럽다.

이 많은 죄 어찌 다 갚겠는가? 이제 수행자의 길을 걸으니 얼마나 다행스러운 일인가? 어찌 중생을 구제치 않을 것이며 부처님 은혜와 일체 중생의 은혜에 보답하지 않으리!

깨닫고 보니 노릇을 못하는 이유는 무엇인가?

깨달아라, 알지어다. 이기심과 자기 욕망, 집착을 놓으면 모든 노릇이 쉽다.

비가 오니 산야가 푸르고
날이 개니 하늘이 푸르다.

57. 부처의 노릇

본래 한 물건도 없는데 무엇을 집착하여 노릇을 할 것인가? 노릇할 것이 없이 광명 그대로가 부처 노릇이요, 지혜 그대로가 부처 노릇인 것을 집착함이 없으면 그대로가 광명이요, 집착함이 없으면 그대로가 지혜이니 부처의 노릇은 진여(眞如)의 실상이요, 광명의 실상이요, 지혜의 실상이다.

중생이 본연이 갖고 있는 참다운 부처의 성품이니 무엇에도 집착함이 없는 것이 부처의 참 성품의 노릇이다.

물이 흘러 바다로 모인다
태양이 허공에 매달렸다.

58. 어리석음

꿈을 꾸며 꿈을 꾸는 줄 모르니 어리석고, 꿈을 꾸는 놈이 누구인줄 모르니 어리석고, 꿈속에서 괴로워하고 고통스러워하는 이것이 생활 속에서 괴로워하고 고통스러워하는 것과 무엇이 다르랴?

꿈속에서 웃고 우는 놈이 누구인줄 모르니 어리석고, 꿈인 줄 알면서 꿈속에서 도망 다니니 어리석고, 꿈을 진실로 생각하고 온갖 살림살이를 하니 어리석고, 꿈속에서도 체면을 차리니 상이 있는 것이다.

실체가 없는 꿈속에서 상(相)을 나타내니 얼마나 어리석은가? 잘난 체하고 못난 체하는 것이 꿈속에서 체면 차리는 것과 무엇이 다르랴? 꿈속에서의 상과 현실에서의 상이 무엇이 다르랴?

그러니 어찌 어리석다 하지 않으랴!

남편이 숨겨온 거울 보고 속에 나타난
어여쁜 제 모습을 첩인 줄 알고
남편을 구박하고 싸우는 여인의 질투.

59. 고해(苦海) : 달마

고해라는 것은 곧 눈·귀·코·혀의 사대(四大)를 고해라 하는 것이다. 성품이 눈을 쫓아 소모하면 알에서 태어나는 것으로 떨어지고, 성품이 귀를 쫓아 흩어지면 태(胎)에서 태어나는 것으로 떨어지고, 성품이 코를 쫓아 흩어지면 변화해서 생기는 것으로 떨어지며, 성품이 입으로 쫓아 흩어지면 습기에서 생기는 것으로 떨어진다.

입으로 전하는 마음의 법은 글자와 경의 논에 있지 않다. 성품을 깨쳐 신령스럽게 운행하는 것은 형색과 몸 밖에서 찾지 마라.

유정(有情)의 종자(種子) 아래 있으면 이룰 것이다. 근본을 돌이켜 근본으로 돌아가는 것을 진리라 하는 것이다. 도는 순리대로 죽고 거슬러 나는 것이니 부끄러움이 없다.

물바다는 말라도 눈물
바다는 마르지 않는다.

고통의 바다는 어디에 있는가? 눈만 뜨면 온통 고통의 바다이다. 귀만 열면 온통 고통의 바다이다. 코만 들면 온통 고통의 바다이다. 입만 벌리면 온통 고통의 바다이다. 살결에 닿는 것이 온통 고통의 바다이다.

눈으로 봄으로 해서 탐욕과 색정이 불을 뿜는 불바다이다.

초열지옥과 화탕지옥이 여기 있는 것이요, 듣는 것으로 분노와 질투·음욕이 가득한 열애의 불꽃바다. 철상지옥과 무간지옥이 여기 있는 것이다.

냄새 맡으므로 해서 굶주린 이리와 같으니 아귀지옥이 여기 있다. 입은 열면 비방과 저주가 담긴 간탐의 바다, 저주의 바다, 멸문의 바다. 발설지옥이 여기 있다. 펄펄 끓는 화탕지옥의 고통이 또 여기 있다. 지옥이 어디 멀리 있던가?

눈과 귀와 코와 입이 아차 하면 끝도 없는 지옥으로 가는 것이다. 눈·귀·코·입·곡도(穀道)·음도(陰道) 아홉 개의 구멍에서 흐르는 물이 고통의 바다, 고해(苦海)인 것이다.

지옥이 땅속에 있는 것이 아니라
네 생각에 따라 몸에 항상 있다.
피부가 십만 리 살결이 십만 리요
힘줄이 십만 리 뼛속이 십만 리요
골수가 십만 리 뇌수가 백만 리이다.

60. 죽음

죽음 1

　범부의 죽음은 육신에 집착하여 몸도 죽고 마음도 잃는 것으로 모두를 잃는 것이요, 깨친 이는 죽음도 없고 육신의 허물을 벗는 것뿐 모두를 놓아 모두를 얻는 것이다.
　잃은 것은 아주 잃은 것이요, 버린 것은 모두를 얻은 것이다. 그래서 성현들은 지금에도 여러 사람의 가슴속에 오래 간직되어 있다. 범부들은 죽는 순간부터 모든 이의 기억에서 사라지고 있다.

죽음 2

　생에 대하여 집착하지 않는 것이 집착하지 않는 죽음이요, 앞일을 걱정하지 않고 죽는 것이 놓아 버린 죽음이다.
　집착·애착·두려움이 없이 훌훌 놓았을 때 참다운 죽음이며, 이것이 죽음까지 놓은 해탈이다. 집착·애착하는 마음이 있으면 죽음에 대하여 두렵나니, 마음이 흐트러지고 어두우면 죽음과 죽음의 다음 세계가 두려운 것이다.
　마음이 빛나는 신령함을 체득하면 천당·지옥 그 어디에도 매이지 않는 것이다.
　집착을 훌훌 놓았을 때 마음은 한 빛의 신령함이 되어 영원의 세계에 늘 있는 것이다.

구름이 일어났다 사라져도 그대로 물이요,
물거품이 생겼다 없어져도 그대로 물이다
육신의 옷 갈아입지 말고 발가벗고 다녀.

61. 두려움의 근원

아픔에 대한 두려움, 배고픔·배부름에 대한 두려움, 추위·더위·물·불에 대한 두려움, 사고·전쟁·질병에 대한 두려움, 도적·강도·손해·재앙에 대한 두려움, 병들고 늙고 죽음에 대한 두려움, 이 모두의 두려움은 결국 육신에 대한 삶의 집착과 애착에서 오는 것이다.

육신에 대한 집착은 애욕에 의한 마음의 무지에서 오는 것이다. 마음이 본래 공한 것을 밝게 알아 마음이 공한 줄을 알면 이 모두의 두려움은 없어진다. 육신의 보존이 필요한 것은 다만 참다운 수행의 길을 가기 위함임을 알리라.

육신은 죽여도 마음은 죽이지 못한다
정신 차리고 한 생각 놓아라.

62. 업신(業身)

업신이란 의식 속에 깊이 배인 행위에서 얻어지는 몸이다.

구렁이를 보고 업신이라 하든가. 독사를 보고 업신이라 하든가. 뱀을 보고 징그러워하며 미인을 보고 좋아한다. 흔히들 미인을 보고 뱀에 견주기도 한다.

미인과 뱀은 무슨 연관이 있는가. 삼천대천세계의 모든 유정(有情)들이 업신이 아니고 무엇이랴? 미인도 마음이 만들고 뱀도 마음이 만드니 미인을 만드는 마음은 무엇이며 뱀을 만드는 마음은 무엇인가?

우리는 모두가 업신이다.

우리의 행위가 모양을 만들듯이 좋은 행위는 좋은 모양을 만들고 독살스러운 행위는 독을 품는다.

업이 행위이며 이 행위는 습관에서 나온 것이다. 습관은 행위가 만들고, 행위는 마음에서 나오므로 모든 것은 마음이 만든다.

구름 없으니 달이 밝고 달이 없으니 별이 빛난다
한 손에서 소리나지 않고 빛 없는 그림자가 있던가
뱀이 물을 마시면 독이 되고 소는 우유를 만든다.

63. 관세음보살

　부처님으로 나투시는 관세음보살님. 보살님으로 나투시는 관세음보살님. 제석천으로 나투시는 관세음보살님. 범천왕으로 나투시는 관세음보살님. 대통령으로 나투시는 관세음보살님. 장관으로, 국회의원으로, 교수로, 선생님으로, 학생으로, 군인으로, 아버지로, 아내로, 아들로, 딸로, 코끼리왕으로, 사자왕으로, 가지가지 모습으로 나투시는 관세음보살님!
　어찌 나의 모습으로는 나투지 않으리, 관세음보살이 관세음보살을 부르고, 코끼리는 코끼리를 부르고, 사자는 사자를 부르고, 개는 개를 부르고, 사람이 사람 부르듯 사람이 관세음보살을 부르면, 지금 관세음보살을 부르며 정근하는 이 마음이 관세음보살이 아니고 누구이겠는가?

　어머니 품에 안겨 고이자고
　어머니는 품에 안고 다독인다.

64. 금강경 사구게

무릇 상이 있는 바는
모두 허망한 것이니
모든 상이 상이 아닌
것으로 볼 것 같으면
곧바로 부처님을 보리라

응[생활]하되 머문다는
생각 없이 마음을 내라
모양으로 나를 본다거나
음성으로 나를 구한다면
이는 사된 도를 행하는 것으로
부처님을 보지 못하리라

일체의 함이 있는 법은
꿈과 허깨비와 물거품과
그림자와 같다
이슬과 같고 또한 번개와 같으니
응당 이와 같이 관(觀)하라

하늘 위나 하늘 아래

부처님 만한 분이 없고
시방 세계를 모두 살펴
보아도 또한 그렇다.

65. 삼신(三身)

삼신이란 법신·보신·화신,
법신(法身)은 심법신(心法身)이며,
보신(報身)은 업보신(業報身)이며,
화신(化身)은 변화신(變化身)이다.
  법신은 체(體)이며, 보신은 상(相)이며, 화신은 용(用)이다. 법신은 마음의 형체가 없듯이 모양이 없어 못 보지만 보신은 행위가 나타난 몸이니 보이는 것이다. 화신은 행위에 의하여 형상을 드러낸 모습이니 누구나 겉모습을 볼 수 있는 것이다. 부처님의 보신은 천안의 눈으로 보는 것으로 찬란한 태양보다 몇 천 배 밝은 부처님, 누가 부처님에 모양이 없다고 하던가?
  눈먼 자는 못 보고 마음의 눈을 뜬 자는 부처님의 보신과 화신을 보리라.

  보신·화신은 허망한 것이요
  법신은 청정하여 넓고 크다
  바닷물을 다 마시고 허공을
  헤아려도 부처님의 공덕은
  다 말할 수 없는 것.

66. 사홍서원

수없는 중생을 모두 제도하리다
한없는 번뇌를 모두 끊으오리다
양없는 불법을 모두 배우오리다
위없는 불도를 모두 이루오리다

내 마음의 중생을 모두 제도하리다
내 마음의 번뇌를 모두 끊으오리다
내 마음의 법문을 모두 배우오리다
내 마음의 불도를 모두 이루오리다

허공계와 중생계가 다할지라도
이 서원이 영원하리라

나무 석가모니불
나무 아미타불
나무 제불 · 보살마하살

일체유심조(一切唯心造)
— 모든 것은 마음이 만든다 —

3계 25유는 우주의 총체적인 이름이다. 이 표는 3계 25유를 표시한 것으로 보이지 않는 마음과 보이지 않는 우주의 광활한 힘이 내려옴을 표시한 것이다.

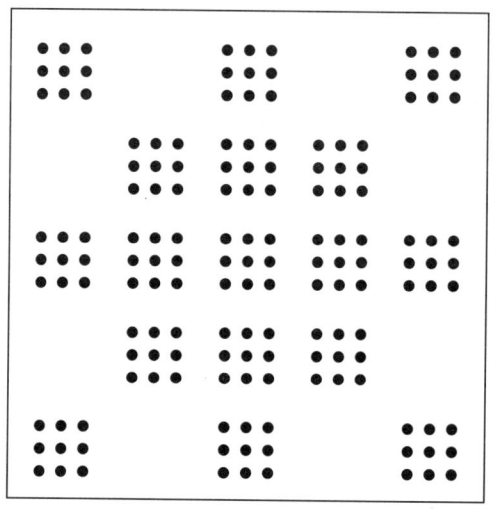

위 그림은 우주법계의 보이지 않는 무한한 기가 만성 길상을 통하여 내려옴을 표시한 것으로 마음의 힘을 넣은 것이다. 모든 것은 마음이 만든 것이기에, 부정도 긍정도 마음에 달려 있다. 평소 긍정적인 사람은 무의식 세계에서 힘이 솟음을 느낄 것이다.

본인도 모르는 평소의 생활 습관과 잠재의식 속에서 긍정적인 관념과 부정적인 관념의 소유자인지를 여기서 느낄 수 있다. 부정적인 사람은 힘이 빠지니까, 생각을 일으킨 만큼 힘이 생긴다. 물질의 변화도 마찬가지다.

 이 책의 앞뒤 표지에 있는 법계 만성 길상도(吉祥圖)는 음맥과 수맥을 차단하여 집에 부착하면 운기를 좋게 하고 묘(墓)의 흉지를 길지(吉地)로 바꾸게 하는 힘이 있으며, 몸에 소지하면 삼재 등의 나쁜 액을 막아 주는 힘이 있고, 불의의 재앙을 예방하는 힘이 있다. ≪만성 길상도는 특허등록필≫

☞이 길상도를 보거나 쥐고, 무거운 물건을 들거나 오링(O) 테스트를 해보면 금방 힘이 강해졌음을 느낄 수 있다. 술·담배·커피·콜라 등 어떤 음료수나 음식·과일 등을 표 위에 놓아두면 맛이 달라진다. 꽃과 과일은 신선도를 오래 유지하는 힘이 있다.

 실시 방법은 두 개의 잔으로 똑같은 내용물을 하나는 길상도 위에 하나는 그냥 맨 바닥 위에 놔두었다가 서로 비교하며 맛을 본다. 화장품도 마찬가지로 한 다음 양손 등에 발라 보면 촉감이 다름을 알 수 있다.

 그 어떤 부적도 이만큼 힘이 나오지 않는다. 이 책을 소지하는 것만으로도 좋은 행운이 있게 된다.

묘지의 흉당의 피해를 막는 방법

묘지에는 명당이 아예 없다. 명당이라 한들 이익이 되는 일이 없고 폐해만 있을 뿐이다. 이미 써 있는 묘지의 흉당을 어떻게 무탈한 자리로 바꿀 것인가. 천도되지 않은 영혼이 편안히 영면할 수 있는 방법은 묘지에 길상진(吉祥陣)을 치는 것이다. 이 책의 앞 뒤에 있는 길상도(吉祥圖)로 하는 것이다.

국제바른종교회 회원모집

국제바른종교회는 세계적인 종교의 흐름과 각종 신앙으로 인한 폐해가 인간에게 끼치는 영향이 막대함을 간과할 수 없어 연구·조사·발표하는 회이다.

회장에는 신학박사·철학박사·의학박사·인류학박사·자연치료학박사·이학박사 등의 박사 학위를 갖고 병원을 개원하고 있는 이정희 씨이고, 부회장엔 성경연구소를 50년 운영해 온 한민족예의도덕선양회 회장인 정형관 씨이다.

총무는 소승이 맡고 있다.

연락처 : (02) 723-3221